POLYGLOTT on tour

Anda

Die Autorin

Susanne Asal

arbeitete nach dem Studium der Anglistik, Geschichte und Ethnologie zunächst als Redakteurin für eine Frankfurter Zeitung. Heute ist sie freiberuflich als Reisejournalistin und Autorin mit Schwerpunkt Lateinamerika tätig. Andalusien kennt sie aus ihren Studientagen, und seither liebt sie den Süden Spaniens.

Das System der POLYGLOTT Sterne

Auf Ihrer Reise weisen Ihnen die Polyglott-Sterne den Weg zu den bedeutendsten Sehenswürdigkeiten aus Natur und Kultur. Für die Vergabe orientieren sich Autoren und Redaktion am UNESCO-Welterbe.

*** eine Reise wert ** einen Umweg wert * sehr sehenswert

Unsere Preissymbole bedeuten:

Hotel (DZ)		Restaurant (Hauptgericht)	
●●●	über 100 €	●●●	über 25 €
●●	60 bis 100 €	●●	8 bis 25 €
●	unter 60 €	●	unter 8 €

Reiseplanung

Land & Leute

Unterwegs in Andalusien

Echt gut!

Karten

Reiseplanung

Die Reiseregion im Überblick][Die schönsten Touren][Klima und Reisezeit][Anreise][Reisen in der Region][Sport und Aktivitäten][Unterkunft

Die Reiseregion im Überblick

Al-Andalus lautet der Name, den die nordafrikanischen Mauren Südspanien gaben. Über 700 Jahre, von 711 bis 1492, geboten sie über das Land und machten es zur Nahtstelle zwischen Abendland und Morgenland. Sie haben ihm den exotischen Märchenglanz verliehen, der den Städten Granada, Sevilla und Córdoba bis heute innewohnt und sie zu städtebaulichen Kostbarkeiten macht. Spuren dieser Zeit finden sich auch auf dem Lande wieder: Fast jedes der weißen Dörfer im Hinterland Andalusiens, der *pueblos blancos*, hat die schmalen Gassen, die auf arabische Medinas verweisen.

Im barocken **Sevilla** sind zu jeder Tages- und Nachtzeit die *sevillanos* auf den Beinen. Nirgendwo wird die Semana Santa (Karwoche) ergreifender und pompöser begangen als hier, und die Feria im April ist das größte Volksfest in Andalusien. Aber es reicht auch, an einem gewöhnlichen Wochentag durch die Stadt mit ihren eleganten Einkaufspassagen und ihren vielen ländlichen Ecken zu streifen, um sich vom quirligen Temperament anstecken zu lassen.

In dem traumhaft gelegenen, gartenhaften **Granada** mit der Alhambra unterhalb der schneebedeckten Sierra Nevada nistet Zigeunertradition neben arabischen Akzenten: Teestuben, Restaurants mit nordafrikanischer Küche und Marokko-Mode beleben die Gässchen unterhalb des Albaicíns, der mit seinen schmucken *carmenes*, Landhäuschen, gegenüber der Alhambra ein lohnendes Spazierziel darstellt.

Das westliche Andalusien ist gebirgig und mit Olivenhainen und Korkeichenwäldern übersät. Jenseits von Cádiz liegen die Weißen Dör-

Badeurlaub in Andalusien

Mit der **Costa del Sol** hat Andalusien das, was der Badetourist liebt: Sonne pur an garantiert 300 Tagen im Jahr. Waren es zu Beginn des 20. Jhs. hauptsächlich blasse Engländer, die die »Sonnenküste« als Sommerfrische erkoren, erfuhr sie in den Fünfzigerjahren einen turbulenten Aufstieg und wurde zur Glamour-Spielwiese für Adel und Geldadel. Trotz allgegenwärtiger Baukräne bietet sie schöne Badebuchten auf ihrem Kernstück zwischen Nerja und Sotogrande sowie lange Sandstrände bei Torremolinos, Fuengirola und Estepona. Nördlich an die Costa del Sol schließt sich die Levante Almeriense an. Sie beginnt mit den langen, breiten Sandstränden am Cabo de Gata und zieht sich über Mojácar bis nach Agua Amarga. An der atlantischen **Costa de la Luz** geht es noch geruhsamer zu. Die »Küste des Lichts« begeistert Liebhaber langer Sandstrände und ist auch bestens für Kinder geeignet.

Noch ursprünglich geblieben: die Costa de la Luz

fer, und eines ist malerischer als das andere. Ideale Ergänzung: das Windsurferdorado Tarifa und die langen Atlantikstrände an der Costa de la Luz. Zwischen Puerto de Santa María, Sanlúcar de Barrameda und Jerez de la Frontera erstreckte sich einst das Meer; heute verleiht der salzige kalkhaltige Boden den darauf angebauten Rebstöcken ein spezifisches Aroma. Hier ist der Sherry zu Hause. Ein Besuch der ehrwürdigen Bodegas und authentischen Flamenco-Tavernen in Jerez ist Pflicht.

Glamour und Golfseligkeit trotz verbauter Küsten: die **Costa del Sol** ist nicht totzukriegen. Ihr Hinterland birgt landschaftliche Überraschungen wie z. B. den Gebirgszug der Alpujarras (ideales Wanderziel!) Jenseits der Levante Almeriense liegen die für ihre Töpferwaren berühmten Dörfchen Sorbas und Níjar inmitten der wüstenhaften Gebirgslandschaft der Sierra Cabrera und der Sierra de Alhamilla.

Mehr als ein Geheimtipp sind die Renaissancestädte Baeza und Úbeda neben Jaén im **nordöstlichen Andalusien** zu Füßen des waldbedeckten Naturparks Sierras de Cazorla, Segura y Las Villas, einem ruhigen, wildromantischen Wanderziel mit der Quelle des Guadalquivir. Später auf seinem Weg zur Atlantikmündung durchfließt der mythische Strom Andalusiens das wunderbare Córdoba: im 11. Jh. eine Metropole mit der größten Bibliothek der Welt und architektonischer Schmelztiegel der moslemischen, jüdischen und christlichen Kultur.

Die schönsten Touren

Kulturelle Höhepunkte Andalusiens in zwei Wochen

① Málaga › Ronda › Nerja › Alpujarras › Granada › Jaén › Córdoba › Ecija › Carmona › Sevilla

Distanzen:
Málaga › Ronda 104 km, ca. 1 ½ Std.; **Ronda › Nerja** 52 km, ca. 30–50 Min.; **Nerja › Bubión** 71 km, 1 Std.; **Bubión › Granada** 65 km, 1 Std.; **Granada › Jaén** 112 km, 1 Std.; **Jaén › Córdoba** 116 km, 1 ½ Std.; **Córdoba › Sevilla** 140 km, 2 Std. 20 Min.

Verkehrsmittel:
Am besten wird diese Tour mit dem eigenen Wagen oder einem Mietauto unternommen. Für Letzteres sollte man unbedingt einen Vermieter wählen, der an Start- und Endpunkt Stationen hat. Für die Tour nach Ronda bieten lokale Veranstalter Tagestrips von Málaga aus an, sie ist aber auch gut auf eigene Faust zu machen. Wer den Bus nimmt, sollte entsprechend mehr Zeit einkalkulieren.

Viel mehr als nur ein Zielflughafen für die Costa del Sol: Das elegante ***Málaga** › S. 112, Geburtsort Pablo Picassos, bietet ein reges Kultur- und Nachtleben. Mit seinen historischen Architekturen wie Gibralfaro, *Alcazaba und *Kathedrale sowie der Fülle an hochwertigen Einkaufsmöglichkeiten eignet es sich hervorragend als Appetizer für die Andalusienrundreise. Keinesfalls verpassen sollten Sie einen ausführlichen Streifzug durch die Tapas-Bars. Wer noch ein Quäntchen Zeit hat, probiert den Stadtstrand Malagueta aus. Zur Karwoche und zur Feria im August strömen auch viele spanische Gäste in die Hafenstadt.

Gleich hinter Málaga beginnen die Berge. ****Ronda** › S. 85 liegt hinreißend in 755 m Höhe über der tiefen Schlucht des Guadalevín und gilt als Wiege des modernen Stierkampfs. Als Erstes wird also die Stierkampfarena angesteuert, danach folgt die Altstadt mit vielen Adelspalästen aus dem 18. Jh.

Am folgenden Tag verläuft die Strecke entlang der Costa Tropical. Das malerisch gelegene ***Nerja** › S. 111 verführt mit seinem Aussichtsplatz Balcón de Europa und seinen Badebuchten zu einem Zwischenstopp. Danach geht es hinauf in die ****Alpujarras** › S. 104/110. In diesem wilden Gebirgszug südlich von Granada wandert man durch tiefe Schluchten und genießt die Stille der archaisch anmutenden Bauerndörfchen im Schatten der Sierra Nevada und der höchsten Gipfel des spanischen Festlands: Mulhacén (3481 m) und Pico de Veleta (3392 m).

Nach *****Granada** › S. 66 ist es nun nicht mehr weit. Für den Nachmittag steht ein Besuch der imposanten ****Kathedrale** › S. 75 mit der Capilla Real auf dem Programm, gefolgt von der Erkundung der alten Koranschule und der enggassigen ***Alcaicería** › S. 74 – der alte maurische Seiden- und Gewürzbasar von Granada ist heute eine Fundgrube für Schmuck, Intarsienarbeiten und Souvenirs. Für den Abend bietet sich der Besuch eines Flamenco-Lokals auf dem **Sacromonte** › S. 77 an.

Die *****Alhambra** › S. 70 hätte Tage des Erkundens verdient, nehmen Sie sich mindestens einen halben, um den *****Nasriden-Palast,** die Alcazaba, den ***Palast Karls V.** sowie die Museen zu würdigen und sich dann in der maurischen Gartenanlage ****Generalife** › S. 73 zu erholen. Der Nachmittag ist dem ****Albaicín** › S. 76 gewidmet, dem ehemaligen Handwerkerviertel mit seinen schmalen Gassen. Abends geht's auf Tapas-Tour: entweder entlang des Río Darro am Paseo de la Bomba oder auf der Plaza del Príncipe unterhalb der Alhambra.

Über die Cordillera Subbética verläuft die Tour am nächsten Morgen in den Norden nach ***Jaén** › S. 130. Dort wird die Renaissancekathedrale besucht, das Museo de Jaén, verschiedene Stadtpaläste und das alte, volkstümliche Magdalena-Viertel. Eine Empfehlung: ein Dinner in der Festung Santa Catalina, die über der Stadt thront und in einen Parador mit Ritterromantik verwandelt wurde.

Am nächsten Tag lässt sich hautnah erfahren, womit die Andalusier früher ihr Geld verdienten: mit Oliven. Kilometerweit stehen die Bäume hügelauf-hügelab bis nach *****Córdoba** › S. 121. Schlendern Sie dort am Nachmittag durch die ****Judería** › S. 124 und besuchen Sie die Schmuckgeschäfte – Córdoba ist eine Hochburg der Silberschmiedekunst. Über die römische Brücke geht es zur ****Torre de la Calahorra** › S. 126, einem mittelalterlichen Festungsturm mit seinem Geschichtsmuseum. Abends isst man ein Menü aus Salmorejo, einer Gemüsecreme, und Ochsenschwanzragout – cordobesischer essen geht nicht.

Der nächste Tag ist für einen ausführlichen Besuch der *****Mezquita** › S. 121 reserviert, eine der großartigsten Moscheen der Welt, sowie für einen Ausflug nach ****Madinat al-Zahra** › S. 129. Diese maurische Palastanlage wird derzeit restauriert – und es ist spannend, sie in der Fantasie wieder auferstehen zu lassen. Und was läge in Córdoba näher, als abends in einem Hammam zu entspannen, einem arabischen Bad?

Écija hat außer dem Prädikat, die heißeste Stadt Andalusiens zu sein, viele spätbarocke Adelspaläste, außergewöhnliche Glockentürme und prächtig erhaltenes römisches Bodenmosaik zu bieten. Auf dem Weg nach Sevilla, der letzten Etappe dieser Tour, lohnt sich noch ein Halt in **Carmona,** das mit einem Amphitheater, einer römischen Nekropole und einer Stadtmauer punkten kann.

Unzählige Sehenswürdigkeiten warten in ****Sevilla** › S. 46 darauf, entdeckt zu werden. Neben vielen kulturellen Angebote besticht auch die gastronomische Vielfalt der Hauptstadt des Südens. *****Kathedrale** › S. 48, *****Reales Alcázares** › S. 50, der ****Barrio de Santa Cruz** › S. 52 und die ****Casa de Pilatos** › S. 57 verdienen ebenso Aufmerksamkeit wie Sehenswürdigkeiten entlang dem Guadalquivir, etwa der Zollturm **Torre de Oro** › S. 55, das ****Hospital de la Caridad** › S. 55, ***die Stierkampfarena** › S. 54 und der ****Parque de María Luisa** › S. 56. Abends bummelt man an der Alameda de Hércules oder besucht ein Konzert. Die besten Tapas-Bars liegen um die Plaza Alfalfa herum und im Viertel Santa Cruz.

Sherry, Weiße Dörfer und Stierweiden in zehn Tagen

–②– Sevilla › Jerez de la Frontera › Sanlúcar de Barrameda › Cádiz › Vejer de la Frontera › Tarifa › Arcos de la Frontera › Jerez de la Frontera

Distanzen:

Sevilla › Jerez de la Frontera 91 km, 1 Std; Ausflug nach Sanlúcar de Barrameda 25 km, 30 Min.; **Jerez de la Frontera › Cádiz** 51 km, 55 Min.; **Cádiz › Vejer de la Frontera** 50 km, 50 Min.; Abstecher nach Medina Sidonia (28 km) und Alcalá de los Gazules (25 km); **Vejer de la Frontera › Tarifa** 50 km, 45 Min.; **Tarifa › Arcos de la Frontera** 120 km, knapp 2 Std.; **Arcos de la Frontera › Jerez de la Frontera** 32 km, 40 Min.

Verkehrsmittel:

Diese Tour ist mit dem eigenen (Miet-)Auto am schönsten. Wer mit dem Mietwagen unterwegs ist, braucht einen Anbieter, der in Sevilla und in Jerez Stationen unterhält.

In ****Sevilla** › S. 46 stehen zunächst die wichtigsten Sehenswürdigkeiten auf dem Programm: *****Reales Alcázares** › S. 50, *****Kathedrale** › S. 48, Flanieren durch den ****Barrio de Santa Cruz** › S. 52, Verschnaufen im ****Parque de María Luisa** › S. 56. Am zweiten Tag empfiehlt sich ein Bummel durch die Innenstadt, mit Besuchen des ****Mu-**

seo de Arte Flamenco › S. 58 und des ****Museo de Bellas Artes** › S. 59, der zweitgrößten Pinakothek des Landes. Wer sich an einem Sommerwochenende in Sevilla aufhält, besucht eventuell eine Corrida in der prachtvollen ***Stierkampfarena** › S. 54.

An Sonnenblumenfeldern entlang geht es nach ***Jerez de la Frontera** › S. 95. Jerez prunkt mit seinen weltberühmten Bodegas, deren Besuch zu den Höhepunkten der Tour zählt. Sie bieten Führungen auch in Deutsch mit anschließender Degustation an. Nicht nur für Pferdefans interessant dürfte die Königliche Hofreitschule mit Dressurvorführungen sein. Die architektonischen Sehenswürdigkeiten der Stadt liegen recht nah beieinander. Jerez ist außerdem eine Hochburg des Flamenco.

Der nächste Tag ist für einen Besuch von ***Sanlúcar de Barrameda** › S. 98 reserviert. Also früh aufstehen! Von dort geht es ab Besucherzentrum »Fábrica de Hielo« per Schiff in den **Nationalpark Coto de Doñana** › S. 63 (www.visitasdonana.com, Tel. 956 36 38 13). Hier liegen die Schwemmgebiete des Guadalquivir mit Dünenlandschaften und reicher Vogelwelt. Sanlúcar ist für seinen *manzanilla* bekannt, eine Variante des Sherry, den man in einer Bar im Viertel Bajo de Guía verkosten kann.

****Cádiz** › S. 93, das als nächstes angesteuert wird, überrascht mit einer fantasievollen Silhouette. Wegen der barocken **Kathedrale** fast am Meerufer gilt die vermutlich älteste iberische Stadtgründung als »Havanna Spaniens«. In der gediegenen Altstadt mit hübschen Plätzen und Tapas-Bars liegt das sehenswerte Museo de Cádiz. Wenn Zeit bleibt, geht man am Atlantikstrand baden.

Die Weißen Dörfer – *pueblos blancos* – in der Sierra mit Korkeichenwäldern, malerischen Steilabbrüchen und Stauseen haben sich zu einem Symbol Andalusiens entwickelt. ***Vejer de la Frontera** › S. 89 ist eines davon. Abstecher führen nach ***Medina Sidonia** › S. 82 und **Alcalá de los Gazules.** Alle diese Ortschaften haben einen maurischen Kern, und die strahlend weiße Farbe der Hausmauern verleiht ihnen einen besonderen Reiz.

Starker Kontrast am folgenden Tag: Über ***Tarifa** › S. 89 braust der Atlantikwind, und genau das ist der Grund, warum es bei Windsurfern so hoch im Kurs steht. Auf dem Weg dorthin kommt man an ausgedehnten Weiden vorbei, die den Kampfstieren vorbehalten sind. In Tarifa können Sie den halben Tag am Strand ausruhen und schwimmen, am Nachmittag durch die maurisch anmutende Altstadt schlendern und den Abend in einem Café oder in einer Bar ausklingen lassen.

Vom **Mirador del Estrecho,** einem Aussichtspunkt über die Meerenge zwischen Spanien und Marokko *(Estrecho de Gibraltar)* geht es dann wieder hinauf ins Landesinnere in eines der malerischsten weißen Dörfer, ****Arcos de la Frontera** › S. 88 mit der Basílica Santa María und einer schönen Altstadt. Die Reise klingt in Jerez aus.

Eine Woche abseits der bekannten Pfade

③ Almería › Cabo de Gata › Guadix › Úbeda › Baeza › Parque Natural Sierras de Cazorla, Segura y Las Villas › Granada

Distanzen:

Almería › Nationalpark Cabo de Gata 45 km, 1 Std.; Ausflug nach Rodalquilar 20 km, 25 Min.; **Almería › Guadix** 107 km, 1 ½ Std.; **Guadix › Úbeda** 110 km, 1 ¾ Std.; und **Baeza** weitere 10 km, 10 Min.; **Úbeda › Cazorla** 44 km, 50 Min.; **Cazorla › Granada** 147 km, 2 ½ Std.

Verkehrsmittel:

Auch hier ist der (Miet-) Wagen die beste Reiseform, denn öffentliche Verkehrsmittel verkehren z. B. im Naturpark Cazorla, Segura y Las Villas teilweise nur mit zwei Abfahrten tgl. Achten Sie darauf, dass Verleihfirmen Stationen in Almería und Granada haben.

***Almería** › S. 106 hat bis auf die spektakulär gelegene und restaurierte *Alcazaba nicht die aufsehenerregendsten Sehenswürdigkeiten der Region zu bieten, aber angenehme Plätze und einige Beispiele barocker und Renaissancearchitektur. In der Hafenstadt kann man schön bummeln und einkaufen.

Am nächsten Tag steht mit dem ****Naturpark Cabo de Gata** › S. 108 ein Höhepunkt auf dem Programm. Wüstenliebhaber und Fans von Schluchten, Salinen und Dünen dürfen sich freuen. Ein Informationszentrum erteilt Auskünfte. Es gibt urige kleine Orte, die Möglichkeit, auf naturkundlichen Wegen zu wandern oder die aufgelassenen Goldminen von **Rodalquilar** › S. 109 zu besuchen. Die Strände am »Achat-Kap« sind lang, sandig und herrlich leer.

Die Fahrt nach **Guadix** entführt in die Gebirgswüste der Sierra de los Filabres. In Guadix gab es schon in der Römerzeit **Höhlenwohnungen**, die jahrhundertelang politisch Verfolgten und Zigeunern als Unterschlupf dienten. Heute betrachtet man sie als eine Art Energiesparwohnungen. Man kann durch das Viertel bummeln; ein Wohnhaus wurde als Museum eingerichtet.

***Úbeda** › S. 133 und ****Baeza** › S. 132 genießen als Zentren der Renaissance in Spanien UNESCO-Weltkulturerbe-Ruhm. Brunnen, Paläste und Kirchen kann man in beiden Städtchen auf geruhsamen Spaziergängen in Augenschein nehmen, denn überlaufen ist es hier überhaupt nicht. Unbedingt probieren: Wildgerichte und das heimische Olivenöl.

An den beiden folgenden Tagen tauchen Sie ein in Natur pur. Der **Parque Natural Sierras de Cazorla, Segura y Las Villas** › S. 136 ist das größte Naturschutzgebiet Andalusiens und die größte zusammenhängende Waldfläche Spaniens. Seine Gipfel erreichen 2000 m. Was läge also näher, als hier zu wandern, die **Quelle des Guadalquivir** zu besuchen, reines Quellwasser zu trinken, zu reiten und richtig auszuspannen? Im Park selbst stehen malerische Übernachtungsmöglichkeiten und Campingplätze zur Verfügung. Über die Cordillera Subbética geht es dann wieder zurück – diesmal ist die strahlende Alhambra-Stadt ***__Granada__** › S. 66 Endpunkt der Reise.

Die Alcazaba von Almería

Touren in Städten und Regionen

Tour	Region	Dauer	Seite
Kathedrale und Alcázar	Sevilla	6 Std.	48
Den Guadalquivir entlang	Sevilla	½ Tag	54
Paläste, Kirchen, Konsumtempel	Sevilla	1 Tag	57
Durch die Alhambra	Granada	½ Tag	70
Durch die Altstadt	Granada	½ Tag	74
Durch den Albaicín	Granada	3 Std.	76
Durch die Weißen Dörfer	Der Westen	2–3 Tage	81
Entlang der Costa de la Luz	Der Westen	2–3 Tage	83
Von Almería zum Cabo de Gata	Costa del Sol	2 Tage	103
In die Alpujarras	Costa del Sol	2–3 Tage	104
Von Jaén nach Úbeda	Der Nordosten	2 Tage	119
In die Sierras de Cazorla, Segura y Las Villas	Der Nordosten	Mind. 2 Tage	120

Klima und Reisezeit

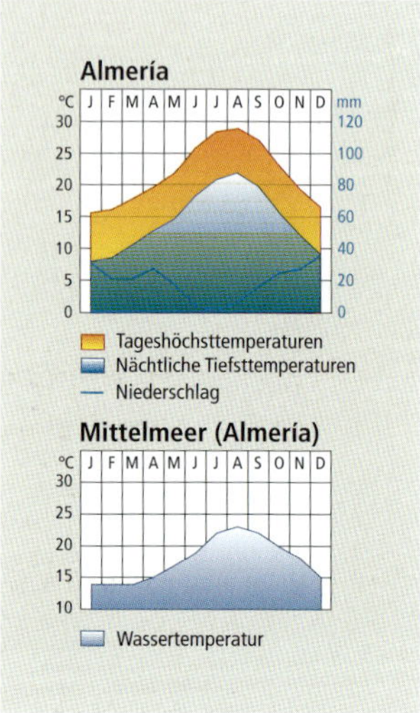

Andalusien zeichnet sich durch milde Winter und lange, heiße Sommer aus. Von Juli bis September klettert das Thermometer auf über 35 °C an der Küste, im Landesinneren auf über 40 °C, während es zwischen Dezember und Februar auf etwa 10 °C fällt. An der Costa del Sol kann man auch in den Wintermonaten Temperaturen bis zu 20 °C erleben. Im Gebirge wird es dagegen mitunter kalt. Die niederschlagsreichsten Gebiete liegen in den Provinzen Cádiz und Córdoba. »Regenzeit« herrscht im Herbst und im Frühjahr. Schnee fällt in der Regel nur in der Sierra Nevada.

Wann wohin?

Die günstigste Reisezeit richtet sich nach der Urlaubsgestaltung. Im Sommer sind Städtereisen weniger zu empfehlen, da bieten sich Strandurlaube an der Atlantikküste oder ein Wander- und Natururlaub in der Sierra de Cazorla an. Von Mitte September bis Anfang November und von März bis Mitte Juni kann man baden, wandern, surfen, Städte besichtigen, Spanisch lernen oder zu Pferd die Landschaft durchstreifen – ohne Sonnenstich oder Frostschauer. Für Liebhaber blühender Natur freilich zählt nur eine Jahreszeit: der Frühling.

Anreise

Mit dem Pkw

Die Autobahnen in Frankreich und Spanien sind gebührenpflichtig. Angesichts der langen Anreise (2–3 Tage) empfiehlt sich die Benutzung des Autozugs bis ins südfranzösische Narbonne (www.dbautozug.de). Der nationale Führerschein, der Fahrzeugschein sowie die grüne Versicherungskarte müssen mitgenommen werden. Es besteht Anschnallpflicht; Telefonieren während der Fahrt nur mit Freisprecheinrichtung. Eine Warnweste muss mitgeführt werden. Promillegrenze: 0,5; Bußgeld für Fahren unter Alkohol: 300 €. Abschleppen durch Privatautos ist verboten! Tempolimits: innerorts 50 km/h, außerorts 90 km/h, zweispurige Schnellstraßen 100 km/h, Autobahnen 120 km/h.

Straßenhilfsdienste: Pannendienst des spanischen Automobilklubs (RACE): Tel. 900 11 22 22 oder 91-593 00 41. Unfallhilfe (*auxilio de carretera*) leistet innerorts die Policía Municipal (Tel. 092), außerorts die Guardia Civil de Tráfico (Tel. 091). Der ADAC (www.adac.de) unterhält in Spanien einen eigenen Notrufdienst (Tel. 935 08 28 28; mobil: 949 35 08 28 28).

Mit dem Bus

Die **Deutsche Touring/Eurolines** bietet Busverbindungen von vielen deutschen Städten an. Via Valencia werden Almería, Granada, Jaén, Málaga und die Costa del Sol angefahren, via Madrid erreicht man Córdoba, Sevilla und die Atlantikküste. Daneben gibt es lokale Firmen.

Deutsche Touring GmbH

Am Römerhof 17][60486 Frankfurt/M.][Tel. 0 69/7 90 30][www.touring.de

Mit der Bahn

Eine Zugreise nach Andalusien ist umständlich, weil sie mindestens 26 Stunden dauert und man mehrmals umsteigen muss. Die Fahrt kostet im Schlafwagen ca. 400 €. Von Madrid aus gelangt man im Hochgeschwindigkeitszug AVE in gut 2 Stunden in die Region.

Mit dem Flugzeug

Almería, Granada, Málaga, Jerez und Sevilla sind an das internationale Liniennetz angebunden (Tel. 902 40 47 04, www.aena.es).

Reisen in der Region

Zugreisen

Das Bahnnetz der Eisenbahngesellschaft RENFE (Tel. 902 24 02 02, internationale Auskunft Tel. 902 24 34 02, www.renfe.es) ist weniger gut ausgebaut als die Busverbindungen. Besonders stolz sind die Spanier auf den Hochgeschwindigkeitszug AVE (Alta Velocidad Española), der von Madrid aus Málaga, Córdoba und Sevilla in zwei Stunden erreicht. Landschaftlich attraktive Strecken liegen zwischen Málaga und Sevilla, zwischen Ronda und Granada sowie zwischen Granada und Almería. Hier genießt man die Fahrt im ruhigen Tempo.

Ein besonderes Erlebnis verspricht eine Reise mit dem nostalgischen Luxushotelzug Al Andalus Expreso, der von Sevilla aus Córdoba, Granada, Antequera, Carmona und Jerez de la Frontera ansteuert. (Buchung z. B. über Ibero Tours, Immermannstr. 23, 40210 Düsseldorf, Tel. 02 11/8 64 15 20, www.ibero.com sowie in DER-Reisebüros).

Busse

Busse sind ein beliebtes Verkehrsmittel. Mit pünktlichen Abfahrten, übersichtlichen und sauberen Busbahnhöfen, niedrigen Preisen und breiter Angebotspalette eignen sie sich sehr gut als Reisemittel, allerdings verkehren sie in den abgeschiedeneren Gegenden nicht mit derselben Frequenz (halbstdl., stdl.) wie zwischen den größeren Städten (Adressen/Verbindungen › Stadtbeschreibungen und Touren).

Mietwagen

Für Touren auf eigene Faust empfiehlt sich ein Mietwagen. Wer nicht schon am Heimatort gebucht hat, findet Agenturen in allen größeren Städten und an den Flughäfen (vorsichtshalber mit Vollkaskoversicherung buchen).

Öffentlicher Nahverkehr

Der innerstädtische Busverkehr funktioniert pünktlich und zuverlässig. Oft werden in den Bussen die Stationen per Leuchtband angezeigt. Die Fahrkarten erhält man an Kiosken und in Tabakgeschäften. Sie müssen im Bus entwertet werden.

Sport und Aktivitäten

Wassersport

Da Andalusien vom Mittelmeer und vom Atlantik gerahmt wird, eignet es sich für Badeferien und Wassersport jeder Art. Von zahlreichen Jachthäfen können Segler in See stechen, am feinsten in Puerto Banús, Benalmádena, Estepona und Marbella. Die Atlantikküste von Tarifa und die Umgebung von Punta Paloma gilt als Paradies für Wind- und Kitesurfer mit zahlreichen Surfschulen. Taucher zieht es nach Almería und nach Mojácar, aber auch nach Conil de la Frontera. Viele Hotels an der Costa del Sol bieten Tauchkurse an und verfügen über Segelclubs.

Golf

Rund 80 Plätze gibt es, die meisten davon an der Costa del Sol. Golfspielen ist teuer und exklusiv, besonders bei Sotogrande in der Nähe von San Roque, wo auch schon mal der Ryders Cup ausgetragen wurde. Bei den Spanischen Fremdenverkehrsämtern (› S. 139) ist eine Broschüre erhältlich. Alternativ: **Real Federación de Golf de Andalucía,** Sierra de Grazalema 33, 29016 Málaga, Tel. 952 22 55 90, Fax 952 22 03 87. Die Website www.golf-andalucia.net informiert nun auch auf Deutsch über Schulen, Plätze und Clubs.

Reiten

Reitfans blühen in Andalusien auf: Sie können wählen zwischen Reitkursen und Trailreiten, Zelt-Reittouren und Reitferien auf einer Finca. Auskunft darüber erteilen die Spanischen Fremdenverkehrsämter (› S. 139) sowie **Pferd & Reiter,** Rader Weg 30 A, D-22889 Tangstedt, Tel. 0 40/607 66 90, www.pferdreiter.de (› Special S. 99).

Wandern

Besonders in den Alpujarras und in der Sierra de Cazorla lässt es sich herrlich wandern, doch ein ausgeschildertes Wegenetz findet man selten. Deshalb sollte man bei anspruchsvollen Routen geführte Touren wählen. Das gilt auch für Gipfelbesteigungen in der Sierra Nevada (Info. **Federación Andaluza de Montañismo,** Calle Santa Paula 23, 18001 Granada, Tel. 958 29 13 40, www.fedamon.com). Für die Sierra de Cazorla: Touristikamt in Jaén und Infozentrum Torre del Vinagre (› S. 136). Stillgelegte Eisenbahngleise wurden zu Vias Verdes, grünen Wegen, umfunktioniert. Die für Fahrradfahrer und Wanderer geeigneten Wege sind beschildert (www.viasverdes.com). Das Informationsportal **www.andalucia.org** listet Wanderungen mit Angabe der Erreichbarkeit, der Länge und des Schwierigkeitsgrades auf.

Für Wanderfreunde bieten sich in Andalusien zahlreiche Möglichkeiten

Special

Unterwegs mit Kindern

Genießen kann man den Urlaub nur, wenn die mitreisenden Kinder glücklich sind. Besichtigungen der zahlreichen andalusischen Kirchen oder Moscheen zählen nicht zu den Lieblingsbeschäftigungen der Sprösslinge, also muss für Abwechslung gesorgt werden. Da hat die Region einiges zu bieten – nicht nur Strände, an denen man jede Form von Wassersport betreiben und Sandburgen bauen kann.

Abenteuer Tropfsteinhöhle

Vor 45000 Jahren soll diese Schöpfung aus bizarren Steinformationen einmal bewohnt gewesen sein, wie Kultzeichnungen vermuten lassen, heute ist die **Cueva de Nerja** eine der größten Attraktionen Südspaniens. Auf vier Kilometern ist sie gut begehbar und effektiv beleuchtet, sodass man immer neue Figuren in den Stalaktiten und Stalagmiten erblicken kann. Im Sommer dient der größte Saal als Bühne für ein internationales Musik- und Tanzfestival. Die Höhle liegt etwa 4 km oberhalb von Nerja an der Costa del Sol (Tel. 952 52 95 20, www.cuevadenerja.es; im Winter tgl. 10–14 und 16–18.30 Uhr, Juli/Aug. 10–19.30 Uhr).

Reisezeit

Wer mit Kindern im schulpflichtigen Alter unterwegs ist, sollte auf einen Kulturtrip im Sommer besser verzichten, denn dann kocht das Pflaster. In Sevilla und in Córdoba kann das Thermometer schnell auf über 45 °C klettern. Beim Strandurlaub auf höchsten Sonnenschutz achten bzw. gleich T-Shirt und Sonnenkappe tragen!

Museen für Kinder

Einen echten Falken fliegen sehen, Schmetterlinge in den verschiedenen Stadien ihrer Entwicklung betrachten, vertrackte Seemannsknoten lösen, Vexierspiele verfolgen, optische Täuschungen nachvollziehen, im Planetarium den Sternenhimmel kennenlernen, sich in die Welt der Dinosaurier versenken – das interaktive Wissenschaftsmuseum **Parque de las Ciencias** in Granada (› S. 79) lässt Große und Kleine die Zeit vergessen. Was es da alles zu sehen, zu ertasten und zu riechen gibt! Alle Sinne sind im Einsatz. Auf einem Gelände von stolzen 70 000 m², u. a ausgestattet mit Wasserspielen, einem Riesenschachspiel und einem Aussichtsturm, ist es nahezu unmöglich, sich zu langweilen.

Ebenso spannend: die in Córdoba am Guadalquivir gelegene **Torre de la Calahorra** (› S. 126), ein Relikt der mittelalterlichen Stadtbefestig. Sie wurde aufwendig restauriert und zu einem interaktiven Museum der Geschichte des 9.–13. Jh. umfunktioniert, als Córdoba mehr als eine Million Einwohner hatte. Besonderer Wert wurde auf die Darstellung eines friedlichen Zusammenlebens der jüdischen, muslimischen und christlichen Bevölkerung gelegt.

Wie kam Kolumbus 1492 in die Neue Welt? Das kann man sich an der **Muelle de las Carabelas** in La Rábida anschauen – dort, wo der Río Tinto in das Meer mündet. Die Nachbauten kopieren die Karavellen Santa María, Niña und Pinta – mit diesen Zwergenkonstruktionen würde sich heute keiner mehr aufs Meer trauen

- **Parque de las Ciencias**

Avda. de la Ciencia s/n
18006 Granada][Tel. 958 13 19 00
www.parqueciencias.com
Di–Sa 10–19, So, Fei 10–15 Uhr

- **Torre de la Calahorra**

Puente Romano s/n
14009 Córdoba][Tel. 957 29 39 29
ww.torrecalahorra.com
Im Sommer tgl. 10–14 und 16.30 bis 20.30, 1. Okt.–30. April 10–18 Uhr

- **Muelle de las Carabelas**

Paraje de La Rábida
21810 Palos de la Frontera
Tel. 959 53 05 97
April–Sept. Mo–Fr 10–14, 17–21, Sa, So, Fei 11–20, sonst Di–So 10–19 Uhr

Ritter spielen

Das geht prächtig auf der Burg in **Almodóvar del Rio**, dem arabischen Almudawwar, 24 km von Córdoba entfernt. Sie thront unübersehbar auf einem Hügel über dem flachen Land und ist mit doppeltem Zinnenkranz, wuchtigen Türmen und einem Waffenhof ein echtes Paradebeispiel für

In der Cueva de Nerja

ein spanisches Castillo – freilich im 8. Jh. von den Mauren erbaut. Für Kinder besonders schön sind die szenischen Führungen mit Kostümen aus der mittelalterlichen Zeit. Der Innenhof ist Schauplatz eines kunterbunten Mittelaltermarktes (Mo–Fr 11 bis 14.30 Uhr und 16–19 Uhr, im Sommer bis 20 Uhr; Sa, So, Fei 11–19 Uhr, im Sommer auch bis 20 Uhr, Tel. 957 63 40 55, www.castillodealmodovar.com)

Reiten

Liegt wirklich beeindruckend schön, hat hervorragende Pferde und auch ein nettes Programm für Kinder: Der **Rancho La Paz** bei Fuengirola mit eigener Pferdezucht veranstaltet Touren und Ausflüge. Die Auswahl an Programmen ist groß, auch für Einsteiger ist etwas dabei. Auf einer gepflegten, gemütlichen Finca im andalusischen Stil kann man übernachten (Torreblanca del Sol, Fuengirola, Tel. 952 48 67 73, www.rancho-la-paz.com).

Wasserparks

Pflicht für Eltern mit lebhaftem Nachwuchs sind die Spaßbäder – und die sind reichlich vorhanden, besonders an der Costa del Sol: **Aqua Velis** bei Torre del Mar, **Parque Acuatico Mijas** bei Fuengirola (www.aquamijas.com) und **Aqua Tropic** in Almuñécar (Playa La Velilla, Tel. 958 63 33 16, www.aqua-tropic.com). In Sevilla lockt der **Guadalpark** (www.aquopolis.es/sevilla), in Granada das **Aquaola** (Crta. Sierra Nevada km 4, Tel. 958 48 61 89, www.aquaola.com) und in Puerto de Santa María in der Provinz Cádiz das **Aqua Sherry** (Tel. 956 87 05 11). Alle Bäder haben von Juni bis September geöffnet.

Zoologische Gärten

Einen lieben langen Tag kann man gut im **Selwo Park** verbringen, einer Art Safaripark mit vielen wilden Tieren, die man per Jeep besucht, und obendrauf gibt's noch einen Jahrmarkt. (Autovía Costa del Sol, km 162,5, Las Lomas del Monte bei Estepona Sept.–Juni tgl. 10–18, an Wochenenden bis 19 Uhr; Juli–Aug. 10–20 Uhr).

Der **Zoobotánico** in Jerez de la Frontera gilt als der größte in Andalusien. Er liegt sehr schön in einem Garten aus dem 19. Jh. (Taxdirt s/n, Tel. 956 14 97 85, www.zoobotanicojerez.com, Di bis So 10–18 Uhr im Winter, 10 bis 20 Uhr im Sommer).

In Almuñécar im Garten des ehemaligen Hotels Sexi befindet sich der **Parque Ornitológico Botánico Loro Sexi,** ein schöner Vogelpark mit vielen Papageienarten (Plaza San Cristóbal, tgl. 11–14 und 17–19 Uhr).

Canyoning

Die Schluchten der Alpujarras bieten ein Supergelände für diesen Sport, z. B. am Río Bermejo. Ohne einen erfahrenen Veranstalter wie z. B. **Nevadensis** (Pampaneira, Plaza de la Libertad, Tel. 958 76 31 27, www.nevadensis.com) sollte man dieses Abenteuer aber keinesfalls wagen.

Angeln

In den flussreichen andalusischen Bergen kommen Angler auf ihre Kosten. Angelscheine sind beziehbar über die **Consejería de Medio Ambiente** (Avda. Manuel Siurot 50, 41071 Sevilla, Tel. 955 00 34 00, www.juntadeandalucia.es/medioambiente). Informationen erteilt auch die **Federación Andaluza de Pesca Deportiva** (León Felipe 2, 04007 Almería, Tel. 950 15 17 46, www.fapd.org). Auf dem Informationsportal **www.andalucia.org** werden Sie ebenfalls fündig.

Sprachkurse

Bevor man einen Kurs bucht, sollte man sich unbedingt nach Einstufungstests und der Höhe der Teilnehmerzahl erkundigen. Einige Veranstalter bieten Unterbringung in Familien an.

- **Academia Atlantika**

Heegbarg 13][22931 Hamburg][Tel. 0 40/47 75 87][www.atlantika.net

- **Vamos**

Am Weingarten 1][60487 Frankfurt/M.][Tel. 0 69/40 03 84 95
www.vamos-sprachschule.de

- Ein Verzeichnis geprüfter Anbieter versendet die **Aktion Bildungsinformation e. V. (ABI),** **Lange Straße 51][70174 Stuttgart][Tel. 07 11/ 22 02 16 30**
www.abi-ev.de

Wellness im Hotel oder Hammam

Dass Urlaub an sich schon Wohlfühlen bedeutet, muss nicht heißen, dass man nicht noch ein wenig Wellness draufpacken könnte. An der Costa del Sol und in Sevilla, Córdoba, Jerez oder in Granada offerieren mehrere Vier-Sterne-Hotels ein komplettes Wohlfühlprogramm mit Massagen, Whirlpools und allem, was dazugehört. In der **Finca El Morisco** bei Benajarafe an der Costa del Sol › S. 112 bildet ein ganzheitliches Konzept die Grundlage des Urlaubsangebots: Die Ernährung ist rein vegetarisch, für die Massagen werden nur Naturprodukte verwendet, bei Peelings kommen z. B. Honig und Meersalz zum Einsatz.

Echt gut!

So richtig gut tut ein bisschen Entspannung auch nach einem langen Besichtigungstag, und da sind die arabischen **Hammams** in Córdoba, Sevilla und Granada erste und zugleich originelle Wahl. Kopiert wird, was das Zeug hält: Raumparfüms, Springbrunnen, gedämpftes Licht, Säulen und Stuckkaskaden verwandeln die Bäder in orientalische Wohlfühl-Oasen.

Unterkunft

In Spanien werden Hotels von der spanischen Tourismusbehörde Turespaña nach dem Kriterium der Ausstattung mit einem bis fünf Sternen klassifiziert. Neben den Hotels gibt es die einfacheren Hostales. Der Zusatz »Residencia« (R) bedeutet, dass sie kein Restaurant besitzen. Pensión, Fonda und Casa de Huéspedes sind preiswerte, manchmal allerdings sehr schlichte Unterkunftsmöglichkeiten, in denen die Zimmer unterschiedlich geschnitten sind. Der Hotelbesitzer ist verpflichtet, in den Zimmern einen Aushang anzubringen, auf dem die Preise inklusive Saisoneinteilung, Bettenzuschlag und Kosten für Frühstück (*desayuno*), Halb- und Vollpension (*media pensión* bzw. *pensión completa*) zu ersehen sind. Ob die Mehrwertsteuer (IVA) enthalten ist, muss ebenfalls deutlich vermerkt sein.

Echt gut!

Die schönsten Hotels

- Stilvoll wie die Könige residiert man in einem wirklichen Grandhotel, dem **Alfonso XIII** in Sevilla. Der Stilmix ist grandios, von maurisch bis Louis XVI. Großer schöner Garten mit Swimmingpool. › S. 60
- Das gepflegte **Hotel Guadalupe** liegt unschlagbar günstig gegenüber der Alhambra, hat schöne Zimmer, ein nettes Restaurant und ist preiswert. › S. 78
- Es ist klein, niedlich und ruhig: Das **Molino del Santo** in Benaoján bei Ronda lebt von seiner freundlichen, familiären Atmosphäre. › S. 87
- Sehr kinderfreundlich ist der **Parador La Arruzafa** in Córdoba mit eigenem Kinderpool und Spielplatz sowie großzügigem Garten. Weitere Pluspunkte: die Lage am Fuß der Berge. › S. 128
- Charmant und stilvoll mitten in der Provinz: das Hotel **Casona del Arco** in Baeza. › S. 133

Die Paradores

Meist in historischen Gebäuden untergebracht, stets schön gelegen, im Stil der Region eingerichtet und sehr kinderfreundlich: ie spanischen Paradores sind an sich eine Empfehlung. Andalusien kann 16 aufweisen, darunter einige der schönsten Spaniens (Jaén, Úbeda, Córdoba, Carmona, Granada, Málaga, Ronda und Arcos de la Frontera). Auskunft und Reservierung bei: **Ibero Tours,** Immermannstr. 23, 40210 Düsseldorf, Tel. 02 11/8 64 15 20, www.ibero.com.

Urlaub auf dem Land

Familien und Naturfreunde mieten vielleicht lieber eine Ferienwohnung oder ein komplettes Landhaus *(casa rural)* fernab der großen Städte im Hinterland. Die *hoteles rurales*, Landhotels, werben mit familiärer Atmosphäre, traditioneller Küche, ruhiger Lage und Spezialprogrammen (z. B.

Reiterferien). Auskünfte erteilt: **Asociación de Alojamientos Rurales de Andalucía** (RAAR), Sagunto 8, 04004 Almería, Tel. 902 44 22 33, www.raar.es.

Blick vom Hotel Parador in Arcos de la Frontera auf die Altstadt

Villas Turísticas

Einige dieser Feriendörfer liegen in den schönsten Landschaften Andalusiens, alle im Stil der ländlichen Architektur der Region erbaut. Villas Turísticas finden Sie in Laujar und Bubión (beide in den Alpujarras), Grazalema (Naturpark Grazalema), Priego de Córdoba (Naturpark Sierras Subbéticas), Cazorla (Naturpark Sierra de Cazorla), Periana (Axarquía/Málaga) und Cazalla (Naturpark Sierra Norte de Sevilla). Information bei **Ibero Tours** (› S. 24, Die Paradores).

Jugendherbergen

Ein Verzeichnis der Jugendherbergen ist bei den Spanischen Fremdenverkehrsämtern erhältlich. Informieren kann man sich außerdem beim Internationalen Jugendherbergsverband Hostelling International (www.hihostels.com) oder direkt beim spanischen REAJ (www.reaj.com).

Camping

Zahlreiche gut ausgestattete Campingplätze konzentrieren sich an den Küsten. Auch in den Naturparks ist Zelten eine lohnende Alternative. Infos gibt es bei den Fremdenverkehrsämtern, im ADAC-Campingführer und unter www.vayacamping.net.

Glamping

Campen, aber glamourös? Vermutlich können sich das die wenigsten vorstellen, aber genau so ist es: Luxuszelte, wie sie im Film »Jenseits von Afrika« zu sehen waren, mit viel Komfort und Stil, sind groß in Mode, auch in Andalusien. Unter dem Namen »Glamping« (= Glamour und Camping) gibt es sie in der Sierra de Segura (Otro Mundo), im Nationalpark Grazalema (Hoppee Yurt Hotel), in der Sierra Bermeja (Cloud House Farm) und bei Alhaurin el Grande (Casa de Laila). Infos: **www.goglamping.net** (englisch).

Land & Leute

Steckbrief][Geschichte im Überblick][Die Menschen][Kunst und Kultur][Feste und Veranstaltungen][Essen und Trinken

Steckbrief

Andalusien

Fläche: 87 268 km² (17,3 % des spanischen Staatsgebietes)
Status: eine der 17 Autonomen Gemeinschaften Spaniens
Einwohner: 8,4 Mio. (18 % aller Spanier)
Bevölkerungsdichte: 91,9 Einw./km²
Hauptstadt: Sevilla
Arbeitslosigkeit: 20 %
Religion: 95 % römisch-katholisch; größte nichtkatholische Glaubensgemeinde: Muslime
Landesvorwahl: 00 34
Währung: Euro (€)
Zeitzone: MEZ mit Sommerzeit

Bevölkerung

In Andalusien leben über acht Millionen Menschen, drei Millionen konzentrieren sich in den Städten, wobei die Provinz Sevilla die einwohnerstärkste ist. Man kalkuliert, dass etwa 500 000 Andalusier sich als *calé*, »Zigeuner« (span. *gitanos*), bezeichnen.

Andalusiens große Herausforderung ist sein Umgang mit der illegalen Einwanderung. Die Nähe zu Afrika durch die Meerenge von Gibraltar und Spaniens Enklaven Ceuta und Melilla in Nordafrika lassen den Flüchtlingsstrom nicht abreißen. Humanitäre Hilfeleistung oder buchstabengenaues Vorgehen nach Gesetzestext – dazwischen müssen sich Behörden immer häufiger entscheiden. Ohne die oft illegalen Einwanderer aus Ecuador und Schwarzafrika könnten die südspanischen Obstplantagen allerdings kaum noch rentabel wirtschaften.

Lage und Landschaft

Drei große Landschaftsformationen bestimmen Andalusien: An die etwa 600 km lange Gebirgskette der Sierra Morena schließt sich die Senke des Guadalquivir an. Das leicht hügelige Tal bildet ein großes Dreieck zwischen der Sierra Morena und der Cordillera Bética. Die Betische Kordillere ist der dritte der drei großen Landschaftsräume der Region. Sie besteht aus den Sierras Subbéticas im Norden und der Cordillera Penibética im Süden mit dem Mulhacén (3481 m), dem höchsten Berg der Halbinsel, in der Sierra Nevada. Dazwischen liegt das Penibetische Tal.

Die Landschaften sind überraschend vielfältig. Spröde Bergregionen um Ronda wechseln mit fruchtbarem Flachland *(campiña)*, Wüstenregionen mit Flusslandschaften *(vegas)*. Nur eine Autostunde trennt Granada und die schneebedeckten Berge der Sierra Nevada von der Costa del Sol.

Politik und Verwaltung

Nach Francos Tod 1975 und der Verfassungsreform im Jahr 1978 sprachen sich die Wähler in einem Referendum für ein Autonomiestatut aus, das Andalusien seitdem weitgehende Selbstverwaltungsrechte sichert.

Andalusien gilt als Hochburg der Sozialisten. Die PSOE *(Partido Socialista Obrero Español)* verlor zwar bei den Wahlen zum Regionalparlament im März 2012 Stimmen, bleibt aber in einer Koalition mit der linken IU *(Izquierda Unida)* an der Regierung. Präsident ist seit 2009 José Antonio Griñán Martínez. Parlament und Regierung tagen in Sevilla.

Verwaltungstechnisch ist die Region in acht Provinzen aufgeteilt, die nach ihren Hauptstädten benannt sind: Sevilla, Cádiz, Huelva, Córdoba, Granada, Jaén, Málaga und Almería. Jede Provinz verfügt über ein eigenes Selbstverwaltungsorgan.

Wirtschaft

Die Wirtschaft Andalusiens erbringt rund 14 % des spanischen Bruttoinlandsprodukts (BIP) und behauptet damit hinter Madrid und Katalonien den dritten Platz.

Andalusien war zwar stets von der Landwirtschaft geprägt, doch liegt ihr Anteil heute nur noch bei ca. 4 %. Die wichtigsten landwirtschaftlichen Produkte sind Getreide, Olivenöl und Wein. Mit Ausnahme der Küstentäler bei Málaga und Almería ist die Landwirtschaft nach wie vorr vom Großgrundbesitz beherrscht.

Der industrielle Sektor ist wenig entwickelt. Nur 8,5 % der spanischen Industrie entfallen auf Andalusien. Größere Industriebetriebe sind in Westandalusien, in den Provinzen Huelva, Cádiz (metallverarbeitende und chemische Industrie) und Sevilla (Textilindustrie) angesiedelt.

Überproportional ist mit über 65 % der Beitrag des Dienstleistungssektors zum andalusischen BIP. Der Tourismus bildet die Haupteinnahmequelle.

Nach einer zwölfjährigen Phase der Expansion wurde auch Spanien 2008 von der globalen Wirtschaftskrise erfasst. Die spekulativ angeheizte Immobilienblase (mit 800 000 Wohnungsneubauten pro Jahr) platzte. Im Herbst 2011 stieg die Arbeitslosigkeit auf 20 %. Bei den Parlamentswahlen im November 2011 wählten die Spanier die bis dahin regierende PSOE ab, neuer Ministerpräsident wurde Mariano Rajoy von der PP (Partido Popular).

Geschichte im Überblick

2. Jahrtausend v. Chr. Gründung des sagenhaften Königreiches Tartessos an der Mündung des Guadalquivir.

Um 1000 v. Chr. Phönizier gründen Gadir (Cádiz) und weitere Handelsniederlassungen an der Mittelmeer- und Atlantikküste.

206 v. Chr. Nach dem Zweiten Punischen Krieg unterwerfen die Römer die Iberische Halbinsel.

5. bis 7. Jh. Die Westgoten bauen ein Reich auf, das die gesamte Iberische Halbinsel umfasst; Hauptstadt ist Toledo.

711 Unter Führung von Tarik ibn Ziyad erobern arabische Heere in knapp fünf Jahren das gesamte Westgotenreich.

718 Im Norden formiert sich der Widerstand der Christen. Mit der Schlacht von Covadonga (722) beginnt die Reconquista.

756 Der Omaijade Abd ar-Rahman I. gründet das Emirat von Córdoba. Formal untersteht es dem Kalifen in Bagdad.

2. Hälfte des 9. Jhs. Revolten der mozarabischen Christen werden niedergeschlagen.

929 Die Omaijaden in Al-Andalus erreichen den Höhepunkt ihrer Macht, Abd ar-Rahman III. erhebt sich in den Rang eines Kalifen.

1031 Nach Berberaufständen zerfällt das Kalifat in islamische Kleinreiche *(reinos de taifas)*.

1085 Alfonso VI. erobert das Taifa-Reich Toledo.

1086–1145 Unter der Berberdynastie der Almoraviden stabilisiert sich die maurische Herrschaft erneut.

2. Hälfte des 12. Jhs. Eine Berberdynastie aus dem Atlasgebirge, die Almohaden, verdrängt die Almoraviden. Christen und Juden fliehen vor den fanatischen Muslimen.

1212 In der Schlacht von Las Navas de Tolosa werden die Almohaden von den Christen besiegt. In den folgenden Jahrzehnten erobern die Kastilier große Teile Andalusiens (1236 Córdoba, 1246 Jaén, 1248 Sevilla, 1264 Cádiz).

1246–1492 Das maurische Königreich von Granada kann unter den Nasriden als Vasallenstaat Kastiliens überleben. Es umfasst in etwa die heutigen Provinzen Málaga, Granada und Almería.

1469 Die Thronfolger von Kastilien und Aragón, Isabella und Ferdinand, heiraten. Sie gehen als Katholische Könige (1496 vom Papst verliehener Ehrentitel) in die Geschichte ein.

1478–1482 Isabella und Ferdinand richten die Inquisition in ihren Reichen ein.

2. Jan. 1492 Der letzte Nasridenkönig Boabdil übergibt Granada an die Katholischen Könige; die Reconquista ist damit beendet.

31. März 1492 Alle Juden, die nicht konvertieren, werden ausgewiesen.

3. Aug. 1492 Kolumbus sticht von Palos de la Frontera aus in See, um den Seeweg nach Indien zu finden.
1502 Zwangstaufen der Muslime, die man fortan Morisken nennt.
1503 erhält Sevilla die Casa de la Contratación (Handelskammer), eine königliche Institution zur Kontrolle der Geschäfte mit den Kolonien.
1516 Der spätere Kaiser Karl V. erbt die spanischen Reiche; er treibt die Einverleibung überseeischer Länder voran.
1588 Die Seemacht Spaniens wird durch den Sieg der Engländer über die Armada gebrochen.
1609 Felipe III. weist die Morisken aus.
1704 Gibraltar fällt im Spanischen Erbfolgekrieg an England.
1812 In Cádiz wird eine liberale Verfassung proklamiert.
1844 Gründung der Guardia Civil gegen das Banditenunwesen in Andalusien.
1873 Ausrufung der Ersten Republik.
13. Sept. 1923 Beginn der Militärdiktatur Miguel Primo de Riveras.
1929 Die Iberoamerikanische Ausstellung in Sevilla will die Verbundenheit Spaniens mit den ehemaligen lateinamerikanischen Kolonien präsentieren.
April 1931 Die Wahlen bringen die Zweite Republik.
1936 Mit der Landung der von Franco geführten Truppen der aufständischen spanischen Kolonialarmee in Andalusien beginnt der Spanische Bürgerkrieg.
1. April 1939 Ende des Bürgerkrieges, Franco etabliert die Diktatur.
1975–1980 Nach dem Tod Francos besteigt König Juan Carlos I. den spanischen Thron. Andalusien erhält sein Autonomiestatut am 28.2.1980.
1986 Spanien tritt der EU bei.
1982–1996 Der Sozialistenführer Felipe González aus Sevilla gewinnt die Parlamentswahlen. Mit ihm als Ministerpräsidenten regieren die Sozialisten (PSOE) bis 1996.
1992 In Sevilla findet die Weltausstellung Expo 92 statt. Einführung des Schnellzugs AVE.
2004 Nach acht Jahren Regierungszeit wird die konservative Volkspartei *Partido Popular* (PP) von den Sozialisten unter José Luis Zapatero abgelöst. Bei den Wahlen zum andalusischen Regionalparlament erreichen die Sozialisten die absolute Mehrheit.
2007 Bei einem Referendum sprechen sich fast 90 % der Wähler (bei 36 % Wahlbeteiligung) für ein reformiertes Autonomiestatut aus, das Andalusien mehr Selbstverwaltungskompetenzen zubilligt.
2010 Korruptionsaffären erschüttern Andalusien, v. a. Marbella.
2011 Spanien wählt Mariano Rajoy von der konservativen PP zum neuen Ministerpräsidenten.
2012 Obwohl die PP bei den Regionalwahlen im März stärkste Kraft wird, bleiben die Sozialisten in Andalusien an der Regierung, indem sie mit der IU *(Izquierda Unida)* koalieren.

Natur und Umwelt

In Andalusien herrscht eine typisch mediterrane Vegetation vor, mit Wäldern aus Stein- und Korkeichen, Johannisbrotbäumen und Pinien. Macchie *(matorral)* mit Thymian und Myrte überzieht die Hänge. Andalusien weist außerdem zahlreiche endemische Pflanzen auf, z. B. den iberischen Tannenbaum in der Sierra de Grazalema.

Freilich hat die jahrhundertelange Kultivierung des Bodens die natürlichen Lebensräume größtenteils zerstört. Andalusiens Haupteinnahmequelle bildete vor Aufkommen des Tourismus die Landwirtschaft, sodass Schäden am Landschaftsbild nahezu unvermeidlich waren. So ist die auffällige Trockenlandschaft um Almería das Resultat von radikalen Abholzungen, die Oliven-Monokulturen in Jaén haben den Boden ausgelaugt, ebenso die Zuckerrohrfelder an der Costa Tropical um Motril. Auf der positiven Seite stehen die ausgeklügelten Bewässerungssysteme, die bereits Römer und Mauren auf der Halbinsel eingeführt haben.

Umweltschutz

Trotz manch verbauten Küstenabschnitts lässt sich in Andalusien großartige Natur erleben: Oft erhebt sich hinter dem Strand gleich ein Gebirge, das Ausflüge in die Stille und Ursprünglichkeit ermöglicht.

18 % der Landesfläche stehen unter Naturschutz, das ist mehr als in jeder anderen spanischen Provinz. Stolz registiert RENPA (Red de Espacios Naturales Protegidas) 148 Gegenden, die entweder als Naturpark, Nationalpark oder besonders geschützte Landschaft erfasst sind. Auch in Andalusien hat man den Vorteil des nachhaltigen Tourismus erkannt: er erhält die Landschaften und das natürliche Habitat der Tiere und verbessert die Lebensbedingungen der Menschen – so hat es sich RENPA auf die Fahnen geschrieben. Die Umsetzung des Naturschutzes durch die Politik lässt jedoch mitunter zu wünschen übrig.

Am **Parque Nacional Coto de Doñana,** 1994 von der UNESCO zum Weltnaturerbe erklärt, werden die Schwierigkeiten exemplarisch deutlich. Das Naturreservat zwischen Sanlúcar de Barrameda und Matalascañas, eines der größten in Europa, besteht aus einem einzigartigen Zusammenklang von Sumpfland (*marismas*) und Buschwald. Das frühere Jagdrevier der Herzöge von Medina Sidonia blieb dank ausschließlicher Jagdnutzung jahrhundertelang unberührt; der Tierreichtum ist legendär. Doch die wasserintensive Landwirtschaft an den Rändern des Nationalparks und touristische Urbanisationen haben bereits bleibende Schäden hervorgerufen. Der Grundwasserspiegel ist stark abgesunken.

Das WWF-Projekt »Juntos por Doñana« setzt sich deshalb für den nachhaltigen Schutz des Nationalparks ein, u. a. durch Förderung des ökologischen Landbaus. Ein Problem stellen natürlich die Hotels bei Matalascañas dar, die im Naturschutzgebiet liegen.

Wasserprobleme

Sorgen bereitet auch der von Jahr zu Jahr steigende Wasserverbrauch. Der größte Teil davon entfällt zwar auf die Landwirtschaft, doch verschlingen auch die touristischen Urbanisationen mit ihren Schwimmbädern und Golfplätzen zu viel Wasser in einer von Natur aus wasserarmen Region. Zumindest werden seit einigen Jahren mehr und mehr Meerwasserentsalzungsanlagen gebaut, wie z. B. in Carboneras.

Solartechnik

Aus der Sonnenscheingarantie Andalusiens lässt sich ökologisch bedeutender Nutzen schlagen: Unweit der Hochebene von Guadix entsteht beim Dorf La Calahorra mit Andasol eine der größten Solarthermie-Anlagen der Welt. Eine Erlanger Firma war für die Projektentwicklung zuständig. Zwei der drei Bauphasen sind inzwischen abgeschlossen, und jedes der drei Solarfelder hat 209 664 Parabolspiegel zum Auffangen des Sonnenlichts. Beim Abschluss der Installierung rechnet man mit einer Brutto-Stromerzeugung von 180 GWh.

Bei Andasol 3 haben sich die Münchner Stadtwerke eingekauft: Von den 320 000 Haushalten der bayrischen Hauptstadt soll bis 2020 ein Zehntel mit Strom aus Andasol 3 versorgt werden.

Die besten Aussichten

Echt gut!

- Die Alhambra im Visier haben die Besucher der schönen Aussichtsplattform **Mirador San Nicolás auf dem Albaicín in Granada.** › S. 76
- Die ganze Pracht der umgebenden Karstlandschaft betrachtet man von den **Burgruinen in Medina Sidonia.** › S. 83
- Ein Leuchtturm an malerisch zerklüfteter Küste ist die **Torre de Vigia Vela Blanca am Cabo de Gata.** › S. 108
- Aus kommunalen Dreschplätzen schöne Aussichtspunkte zu machen, das gelingt in **Pampaneira und Capileira in den Alpujarras.** › S. 110
- Eine Panoramafahrt mit Nerja fest im Blick: Die Berge geht's hinunter von **Sayalonga und Cómpeta** an die Küste. › S. 112

Kunst und Kultur

Der kulturelle Einfluss, der einst von Andalusien ausging, war immens. Die strategisch wichtige Lage, der früher bis weit ins Inland schiffbare Guadalquivir, die Erzvorkommen und die Fruchtbarkeit des Bodens bewirkten, dass sich in dieser Region viele Völker niederließen und ihre Kultur entfalteten.

Zwei Epochen prägten die Kultur in besonderem Maße: die islamische Herrschaft im Mittelalter und der Barock. Maurisches Erbe ist im Städtebau, in der Architektur und Dekorationskunst heute noch greifbar. Indem es in die christliche Kultur Spaniens einfloss, kam ein faszinierender künstlerischer Dialog in Gang. Das gilt auch für die Musik. Die *Saeta*, eine den Karprozessionen vorbehaltene Liedform des Flamenco, ist stark von arabischen Einflüssen bestimmt. Der andalusische Flamenco und die Sevillana, der aus Sevilla stammende Volkstanz, wiederum inspirieren heutzutage Popgruppen zu einer in der ganzen Welt erfolgreichen Musikrichtung *a la gitana* (span. *gitano*, »Zigeuner«).

Kunsthandwerk

Wer gutes Kunsthandwerk sucht, wird in Andalusien leicht fündig: In Córdoba findet man Schmuckateliers und eine Lederwerkstatt, in der nach maurischen Techniken gearbeitet wird. In Sorbas und in Níjar kauft man Töpferware direkt vom Hersteller; eine Institution ist der Töpfer Tito in Úbeda (› S. 135). Für Holzeinlegearbeiten *(taracea)* ist Granada bekannt, die Sierra de Grazalema für die Teppichknüpfkunst. Leder für Jacken und Taschen bearbeitet man in Ubrique und in Valverde del Camino (Huelva). Dort ist man auch auf Flamenco-Schuhe spezialisiert. In Almería und Níjar werden Körbe, Seile, Spielzeug und die traditionellen Strohschuhe Alpargatas aus dem festen, graubraunen Espartogras angeboten.

Maurische Kultur

Drei Bauwerke stehen stellvertretend für die künstlerische Entwicklung während der Präsenz der Mauren. Die **Mezquita** (› S. 121), die Moschee von Córdoba, repräsentiert das Reich der Omaijaden (756–1031). Der älteste Teil wurde 786 begonnen. Die prunkvolle Ausstattung mit Mosaiken um die Gebetsnische verrät die Mitwirkung byzantinischer Handwerker. Damals wurden zahlreiche Techniken und Dekorationsmotive sowie Werke der Kleinkunst aus Elfenbein und Edelmetall u. a. über die Mozaraber (unter muslimischer Herrschaft lebende Christen) in den christlichen Norden vermittelt.

Wichtigste Hinterlassenschaft der Almohaden (1161–1212) ist die **Giralda** in Sevilla (› S. 48), das prachtvolle Minarett der gro-

Der Nasriden-Palast in der Alhambra von Granada

ßen Freitagsmoschee aus dem 12. Jh.. Nirgends jedoch hat sich die verfeinerte höfische Lebensart des letzten der islamischen Reiche (1246 bis 1492) vollendeter ausgedrückt als im Nasriden-Palast auf der **Alhambra** in Granada (› S. 70). Stuckornamente, bunte Keramiksockel und Holzdecken mit Einlegearbeiten aus Edelhölzern sind Zeugnisse der großen Virtuosität der beteiligten Kunsthandwerker.

Obwohl kein ausdrückliches Bilderverbot besteht, vermeidet der Islam zumindest in den Moscheen figürliche Darstellungen. Diese Auffassung brachte die islamische Arabeske (von ital. *rabeschi* = Ranken) hervor, eine Flächendekoration aus stilisierten, fast kalligrafisch wirkenden Pflanzenornamenten. Die Arabeske soll auf die Transzendenz verweisen.

Andalusische Architektur ist ohne die bunten *azulejos* (glasierte Fliesen) undenkbar. Einst von den Mauren in Spanien eingeführt, verzieren sie als Mosaiken Wände und Sockel, dienen zur Ausgestaltung von Innenhöfen und von Gartenanlagen.

Buch-Tipp Mit der Anthologie **Das Wunder von al-Andalus. Die schönsten Gedichte aus dem Maurischen Spanien** erschließt Georg Bossong die kunstvolle Lyrik einer vergangenen Welt. Der Autor hat auch ein Buch über die sephardischen Juden verfasst (Beck-Verlag).

Andalusischer Barock

Der Barock Andalusiens entstand in einer Zeit wirtschaftlicher Depression und großen Elends. Die Ausstattung der Kapelle des **Hospital de la Caridad** in Sevilla (› S. 55) veranschaulicht die barocke Antithese eines in tiefer Frömmigkeit wurzelnden Vergänglichkeitsbewusstseins und weltlicher Repräsentationssucht. Die üppige Ausstattung der Kirchen mit Skulpturen und Gemälden, Fresken und Stuckaturen diente jedoch nicht nur der Demonstration von Macht, sondern reagierte auf ein sehr sinnliches Schaubedürfnis, dem auch durch die lebensnahe Darstellung der religiösen Themen entsprochen wurde.

Viele bedeutende Architekten haben in Andalusien Meisterwerke geschaffen, so Alonso Cano mit der Hauptfassade der Kathedrale von Granada und López de Rojas mit derjenigen der Kathedrale von Jaén. Leonardo Figueroa schuf u. a. das Hospital de los Venerables Sacerdotes und den Palacio de San Telmo in Sevilla.

Die spanische Barockmalerei fand in Andalusien ihre wichtigsten Vertreter. Bartolomé Esteban Murillo, Maler gefühlvoller Marienbilder, ist ein Kind Sevillas, dessen Museo de Bellas Artes ihn auch gebührend ehrt. Zu den Hauptvertretern der »Schule von Sevilla« gehören auch Juan de Valdés Leal, bekannt für seine Todesallegorien von krassem Realismus, und Francisco de Zurbarán, der »Maler der Mönche«, während

Federico García Lorca

Er stand Pate für »Der andalusische Hund«, ein filmisches Manifest des Surrealismus von Luis Buñuel und Salvador Dalí, das 1931 die Gemüter schockierte: Federico García Lorca, ein enger Freund der beiden.

Alle, die ihn gekannt hatten, beschrieben den am 5. Juni 1898 in Fuente Vaqueros bei Granada geborenen Lorca als hochintelligentes Glückskind. Seine wohlhabenden Eltern ermöglichten ihm ein finanziell unabhängiges Leben. Sein großes musisches Talent förderte der Komponist Manuel de Falla. Eigentlich wollte Federico zunächst Musiker werden, doch er wurde schließlich der bedeutendste spanische Dichter und Dramatiker des 20. Jhs.

Sein erster, 1921 veröffentlichter Gedichtband spiegelt bereits die starke Bindung an Andalusien wider, die später in seinen Stücken »Mariana Pineda« (die Uraufführung in Barcelona stattete Salvador Dalí aus), »Yerma«, »Doña Rosita bleibt ledig«, »Bluthochzeit« und »Bernarda Albas Haus« zum Ausdruck kommt: Als letzten großen Tragödiendichter Europas feierte ihn die Kritik. Als Lyriker sorgte er mit seinem vom Flamenco inspirierten »Poema del cante jondo« für Aufsehen.

Von 1932 an leitete er zusammen mit seinem Freund Eduardo Ugarte die Wanderbühne »La Barraca« in Madrid, die von der spanischen Republik als »Theater der sozialen Aktion« subventioniert wurde.

Lorca selbst hielt sich von der Politik fern. Doch spiegeln seine Werke einen aufrührerischen Geist, was ihm zum Verhängnis wurde. Am 16. August 1936, kurz nach dem Ausbruch des Spanischen Bürgerkriegs, erschossen ihn faschistische Milizen im Barranco von Viznar in der Provinz Granada. Die exakte Stelle ist trotz intensivster Bemühungen im Jahr 2009 nicht gefunden worden.

Diego Velázquez aus Sevilla als Hofmaler Felipes IV. in Madrid Weltruhm erlangte.

Auch die andalusische Bildhauerkunst des Barock brachte herausragende Werke hervor. Pedro de Mena und Pedro Roldán schufen bis heute gültige Vorbilder für Heiligenfiguren, und die Vollkommenheit der Skulpturen von Juan Martínez Montañés trug ihm sogar den Beinamen »Gott des Holzes« ein.

Bild des Dichters Federico García Lorca auf einem Bus in Granada

Literatur

Der Barock war auch eine Blütezeit der Dichtkunst. Die erlesene, bisweilen gekünstelte Sprache des Dichters Luis de Góngora (1561–1627) aus Córdoba fand zahllose Nachahmer. Sein Zeitgenosse, der aus Madrid stammende Mönch Gabriel Téllez (1583–1648), verlieh unter dem Pseudonym Tirso de Molina dem andalusischen Don-Juan-Mythos erstmals literarische Gestalt.

Ein kulturelles Fanal wollten die Dichter der *Generación de 1898* mit ihren Werken setzen, nachdem das Land nach dem Verlust der Kolonien in eine Krise geraten war. Zu ihnen gehörten auch die aus Sevilla stammenden Brüder Antonio (1875–1939) und Manuel Machado (1874–1947).

Einige der Autoren, Dramatiker und Dichter, die in ihren Werken die Lebenswirklichkeit Andalusiens abbildeten, gelangten zu Weltruhm. Der 1881 in Moguer (Huelva) geborene Juan Ramón Jiménez erhielt 1956 mit seiner Erzählung »Platero und ich. Andalusische Elegie« den Literaturnobelpreis. Auch die zeitgenössische andalusische Autorin Adelaida García Morales (geb. 1947) setzt sich mit dem Eigentümlichen, Unverwechselbaren ihrer Heimat auseinander.

Antonio Muñoz Molina (geb. 1956 in Úbeda) wurde schon häufig ausgezeichnet. Nun hat er sich mit dem Roman »Nacht der Erinnerungen«, der 2011 erschien, in die erste Riege der international renommierten Schriftsteller geschrieben.

Musik

Neben den Muslimen und Christen pflegten die spanischen Juden, die Sephardim, eigene Musiktraditionen.

Das Label Pneuma hat diverse **CDs von Eduardo Paniagua** herausgebracht, die mit der arabischen und sephardischen Musik von Al-Andalus vertraut machen. Die bekannteste Sängerin ist Rosa Zaragoza. Echt gut!

Eine Besonderheit der spanischen **Renaissancemusik** bestand in der Vorliebe für gezupfte Saiteninstrumente wie die Vihuela. Sie wurde im 17. Jh. durch die volkstümlichere spanische Gitarre (arab. *qitarah*) verdrängt. Anstatt der ursprünglichen fünf Saitenpaare erhielt sie im 18. Jh. die jetzt übliche Bespannung mit sechs Einzelsaiten. Im 20. Jh. feierte die *guitarra española* durch virtuose Interpreten wie den aus Linares (Jaén) stammenden Andrés Segovia (1893–1987) große Erfolge.

Im 19. Jh. gelangten verschiedene spanische Komponisten zu internationaler Geltung, unter ihnen der in Cádiz geborene Manuel de Falla (1876–1946), Schöpfer so bekannter Werke wie des Balletts »Der Dreispitz« und der Sinfonie »Nächte in spanischen Gärten«. Nach Ende des Bürgerkriegs ging er ins Exil nach Argentinien, wo er 1946 starb. Manuel de Falla war ein Freund García Lorcas. Mit ihm zusammen organisierte er 1922 in Granada den *Concurso de Cante Jondo*, den ersten internationalen Wettbewerb im Flamenco-Gesang.

De Falla und García Lorca waren fasziniert von der Ursprünglichkeit und Andersartigkeit des **Flamenco**, verglichen mit der Musik des übrigen Europa. Flamenco ist eine Musikform, die von den Zigeunern Andalusiens entwickelt wurde. Als sie im Spätmittelalter in Südspanien einwanderten, fanden sie eine multikulturelle Gesellschaft vor, deren vielfältige Musiktraditionen sie mit ihrer eigenen Musik verbanden. Herausragende Vertreter des Flamenco-Gesangs sind (der bereits verstorbene) Camerón de la Isla und Fosforito. Besonders in den Dörfern an der Costa de la Luz, in Sanlúcar de Barrameda und in Jerez de la Frontera feiert man den populären Flamenco.

Feste und Veranstaltungen

Im Mittelpunkt vieler Feste steht eine Wallfahrt (*romería*) zur Jungfrau Maria. Die *romerías a la Virgen* sind meist von ausgelassenen Veranstaltungen wie Ferias, Flamenco-Festivals und Weinfesten umrahmt.

Aber auch andere Feste religiösen Gehalts wie das Fest der Maikreuze (*Cruces de Mayo*) und Fronleichnam (*Corpus Cristi*) sind ein willkommener Anlass für eine Zäsur im Alltag.

Festkalender

Febrtuar/März: Karneval in Cádiz. Kaufleute aus Genua und Venedig brachten im 16. Jh. den Karneval nach Cádiz. Er wird von Donnerstag vor Aschermittwoch bis Sonntag nach Aschermittwoch gefeiert – meist mit überbordendem Maskenzauber.

Karwoche (Semana Santa). In der Karwoche ist Andalusien Schauplatz zahlloser Prozessionen (› Special S. 64).

Stierkampf: Das ungleiche Duell

Schaukämpfe gegen wilde Stiere waren ursprünglich ein Privileg des spanischen Adels. Als sich gegen Ende des 18. Jhs. die höfische Gesellschaft darin gefiel, Tracht und Brauchtum des Volkes zu imitieren, wurde der gefährliche Stierkampf zu Fuß, die Spielart der einfachen Leute, hoffähig. Erstmals wurden spezielle Arenen *(Plazas de Toros)* gebaut, und man stellte Regeln für den Ablauf des Kampfes auf. Die prächtigen Kostüme der Stierkämpfer sind noch heute nach der Mode der Goya-Zeit geschnitten.

Die Stierkampfsaison dauert von Ostern bis Oktober. Jede Corrida besteht aus sechs Kämpfen; der etwa zwanzigminütige Kampf endet in der Regel mit der Tötung des Tieres.

Am Stierkampf scheiden sich die Geister, und gestritten wird immer lauter. Per Gesetz ist ab 2012 die Corrida in Katalonien verboten. Einen Antrag der Partido Popular, den Stierkampf als nationales Kulturgut zu definieren, lehnten die damals regierenden Sozialisten ab, dafür wurde er aber zur Kunst erklärt und ist seitdem dem Kultur- und nicht länger dem Innenministerium unterstellt.

Stolz oder Schande Spaniens – vor allem ist der Stierkampf ein Geschäft mit einem Jahresumsatz von ca. 1,5 Mrd. €. Er unterliegt weitgehend der Kontrolle der Manager, welche die Arenen mieten, die Stiere kaufen, den Kartenverkauf organisieren und die Toreros verpflichten. Die Höhe der Gage richtet sich nach dem Rang der Arena und der Klasse des Toreros; die Stars unter ihnen sind Millionäre. Zu den Publikumslieblingen gehören Julián López (»El Juli«), Francisco und Cayetano Rivera Ordóñez sowie José Tomás.

April: Feria de Abril in Sevilla. Bereits zehn Tage nach Ostern feiert Sevilla seine Feria. Auf dem Feria-Gelände drängen sich auf rund 3 km^2 über 1000 Festzelte *(casetas)*, in denen die Sevillaner die Nächte durchtanzen.
In der letzten Aprilwoche feiert man die **Romería a la Virgen de la Cabeza** in Andújar/Jaén. Das Heiligtum der »Virgen de la Cabeza« thront auf dem höchsten Punkt der Sierra de Andújar. Ein Hirtenjunge soll hier 1227 eine Madonnenfigur gefunden haben. Über 100 Bruderschaften aus ganz Spanien finden sich in Andújar ein, um zur Kapelle in den Bergen zu ziehen.

Feria!

Wenn sich die Señoras, egal, ob zwei oder 88 Jahre alt, in enge Flamenco-Kleider werfen und die Männer zumindest ihren flachen Cordobeser Hut aufsetzen, dann ist in Andalusien Feria. Traditionellerweise ist es ein der Tiermesse angeschlossenes großes Fest, das mit der Feria de Abril in Sevilla beginnt. Ungeachtet, wo man sie erleben kann: Mitfeiern ist wunderbar. Zumindest ist es ein ansteckender Rummel für die ganze Familie, im besten Fall hat man zu den vielen einzelnen Festzelten, in denen eifrig Sevillana getanzt wird, freien Zutritt.

Mai: Maifeste in Córdoba. In der ersten Maiwoche werden zur **Fiesta de las Cruces** große, blumengeschmückte Kreuze *(cruces)* in der Stadt errichtet. Es folgt die **Fiesta de los Patios,** die bis Mitte Mai andauert. Die blumengeschmückten Innenhöfe werden herausgeputzt, und die drei schönsten prämiert. Danach gönnt man sich eine Woche Verschnaufpause, bevor man sich in der letzten Maiwoche tanzend in die **Feria** stürzt.
Mitte August: Feria de Agosto in Málaga mit Tanz und Stierkämpfen.
Erste Septemberhälfte: Feria de Pedro Romero in Ronda. Haupt-

attraktion der Festwoche zu Ehren des Schöpfers des modernen Stierkampfes ist die *Corrida Goyesca,* ein Stierkampf im Stil der Goya-Zeit. Auch ein Flamenco-Festival gehört dazu.

September/Oktober (in geraden Jahren): **Bienal de Flamenco** in Sevilla (www.labienal.com).

Ende Sept./Anfang Okt.: Fiestas de Otoño in Jerez de la Frontera. Zu den Veranstaltungen des mehrwöchigen Herbstfestes gehört die **Fiesta de Bulerías,** ein Höhepunkt der Flamenco-Festivalsaison.

28./29. Dezember: Fiesta de Verdiales in Málaga. Verdiales-Gruppen der ganzen Provinz treffen sich und zelebrieren diese in der Volkskultur der Region verwurzelte uralte Musikform.

Essen und Trinken

Die andalusische Küche kennzeichnet zum einen Bodenständigkeit, zum anderen eine Finesse, die dem arabischen Erbe zu verdanken ist. So führten die Araber zahlreiche Gewürze und Nutzpflanzen wie Auberginen, Safran, Zuckerrohr und Reis ein. Daneben lässt die häufige Verwendung von Speck, Mehl, Brot, Hülsenfrüchten und Eiern ersehen, dass die Küche ländlich geprägt ist. Olivenöl fehlt in Andalusien in keinem Gericht.

Essenszeiten

Die Temperaturen diktieren Tagesablauf und Nahrungsaufnahme. Morgens verzehren die Andalusier in einer Bar schnell eine *tostada*, einen Toast mit Butter und Marmelade und trinken einen *café solo* (Espresso), einen *café cortado* (mit einem Schuss Milch) oder einen *café con leche* (Milchkaffee) dazu. Das Mittagessen, *almuerzo*, wird zwischen 14 und 16 Uhr serviert. Entsprechend spät kommt das Abendessen, *cena*, auf den Tisch. Gute Restaurants öffnen erst um 21 Uhr. Gegen den kleinen Hunger empfehlen sich *tapas* (› S. 43).

Der Reifeprozess eines edlen spanischen Schinkens dauert Monate

Erfindungsreiche Gerichte

Fleisch legt man in arabische Marinaden ein, bevor es auf Spießchen auf den Grill wandert *(pinchos morunos)*, Nierchen lässt man in Sherry schwimmen *(riñones al jerez)*. Die Kombination aus Knoblauch, Kichererbsen und Blattspinat mundet etwas eigenwillig *(espinacas con garbanzos)*, und Paprika, Tomaten und Zwiebeln bilden die Grundlage für viele Gerichte wie etwa den *gazpacho*, die erfrischende kalte Gemüsesuppe. Mit Zitronensaft und Thunfisch wird ein Salat daraus, mit püriertem Weißbrot eine delikate Creme (*salmorejo*, die Spezialität Córdobas). Eier lässt man mit Kartoffelstückchen, mit Käse, Spargeln, Pilzen oder Garnelen stocken *(tortilla)*. Fleisch und Fisch kommen auf die *plancha* – die Eisenplatte – oder auf den Grill.

Die *fritura de pescado*, eine Platte mit verschiedenen frittierten kleinen Fischen, sollte man in den Provinzen Málaga und Cádiz bestellen. Kaninchen und Ziegenkäse schmecken besonders gut in den Bergen. An kalten Tagen sind die vielen schmackhaften Eintöpfe *(potajes* oder *ollas)*, oft mit Kichererbsen zubereitet, das Richtige.

Jamón ibérico

Der luftgetrocknete Bergschinken *(jamón serrano)* ist immer eine Köstlichkeit. Doch nur wenn er vom schwarzen Iberischen Schwein *(cerdo ibérico,* auch *pata negra)* stammt, verdient er den Namen *jamón ibérico*. Die herbstliche Mast mit den süßen Früchten der Steineiche gibt dem Fleisch den würzigen Geschmack.

Nach der Schlachtung wird der Schinken einige Tage in Salz gelegt und kommt dann bis zu drei Monate in Kühlräume. Das folgende halbe Jahr »schwitzt« er in Trockenspeichern; erst danach beginnt die Reifung in Kellerräumen. Zucht, Haltung der Tiere – sie müssen frei weiden – und der gesamte Herstellungsprozess unterliegen strengen Kontrollen. Die Herkunftsbezeichnungen »Jamón de Huelva« und »Pedroches« (Córdoba) garantieren hohe Qualität.

Tapas

Tapas (span. Deckel) heißen die Appetithäppchen, die man an der Theke zu einem Glas Wein oder Bier verzehrt. Vermutlich rührt ihr Name daher, dass man einst in den Schenken das Glas mit einem Stück Brot abdeckte, um es vor Insekten zu schützen. Es sind kalte Speisen wie Käse, Schinken, Oliven und Salate ebenso wie warme Gerichte, etwa Tortilla, Fleischspießchen, Krabben und Fisch. Luftgetrockneter und gesalzener Thunfisch *(mojama)* ist eine wahre Delikatesse, ebenso die *montaítos*, eine Crostini-Variante auf Spanisch. Oft werden die aktuellen Tapas-Angebote auf Tafeln angepriesen.

Süßes

So manche Konditoreiwaren aus Mandeln und Honig lassen den arabischen Einfluss erahnen. Insbesondere in den Klöstern verfeinerte man die Herstellung von Gebäck und Süßspeisen. Sie tragen verheißungsvolle Namen wie Engelshaar, Nonnenseufzer und Himmelsspeck.

Andalusiens Weine

Auf rund 48 000 ha wird Wein angebaut, von denen der größte Teil auf die Provinzen Córdoba, Cádiz und Huelva entfällt. Produziert werden v.a. Aperitif- und Dessertweine, wobei an erster Stelle der berühmte *vino de Jerez*, der Sherry, aus der Provinz Cádiz zu nennen ist. Dem von Natur aus trockenen Sherry ähnlich ist der Montilla-Moriles aus dem Weinbaugebiet südlich von Córdoba. Die Muskatweine aus der Axarquía, östlich von Málaga, sind dagegen ausnahmslos süße Dessertweine *(vinos de Málaga)*. Weniger bekannt ist, dass auch Tafelweine in Andalusien gekeltert werden. Zu ihnen gehören beispielsweise die Rot- und Roséweine der Provinz Jaén.

Echt gut!

Tapas-Bars und Restaurants

- **La Estrella** ist eine Institution in Sevilla. Die hübsch geflieste Bar muss man einmal besucht haben. › S. 62
- Das Ambiente quirlig, die Stimmung gut – ein wunderbares Lokal für Tapas jeglicher Couleur, von den frittierten *chipirones* bis zur Schinkenplatte: **La Campana** in Málaga. › S. 115
- Jenseits des mondänen Rummels gibt es im winzigen **El Estrecho** in Marbella Überraschendes, z.B. Schweinsfüßchen in Wein. › S. 116
- Seit es das Sterne-dekorierte **Calima** in Marbella gibt, ist der Koch Dani García in aller Munde. Er serviert in dem eleganten Restaurant ungewöhnliche Menüs mit andalusischen Zutaten wie Ochsenschwanz und *bacalao* (Stockfisch). › S. 116
- Mit traditionellen Rezepten macht der Familienbetrieb **Casa Puga** in Almería auf sich aufmerksam. › S. 107
- Außergewöhnliche, mit Michelin-Sternen prämierte Kreationen kommen im **El Choto** in Córdoba auf den Teller. › S. 128

Unterwegs in Andalusien

Entdecken Sie die einzelnen Reiseregionen – jeweils mit den schönsten Touren, allem Sehens- und Erlebenswerten, Hotel-, Restaurant-, Nightlife- und Shoppingtipps

**Sevilla

Nicht verpassen!

- Abends die besten Tapas-Bars an der Plaza Alfalfa und im Barrio de Santa Cruz erkunden
- Kathedrale und Giralda besichtigen
- Den Paseo Colón bis zum Parque de María Luisa am Guadalquivir entlangschlendern
- Einen Einkaufsbummel auf der Calle Sierpes und in den angrenzenden Sträßchen machen

Karte
Seite 51

Zur Orientierung

Unter den drei andalusischen Metropolen ist die Hauptstadt Sevilla zweifellos die Primaballerina, und mit rund 700000 Einwohnern außerdem Spaniens viertgrößte Stadt. Über den Guadalquivir wurde von hier im 16. Jh. der gesamte Schiffsverkehr mit der Neuen Welt abgewickelt. Die Altstadt mit ihren barocken und neo-mudéjaren Prachtbauten zieht sich am östlichen Guadalquivir-Ufer entlang, während am anderen Ufer das volkstümliche Triana und Neubauviertel liegen. Das Nebeneinander von Kathedrale, Reales Alcázares, Handelsbörse und Archivo de las Indias im Herzen der Stadt zeigt, dass Sevilla nicht nur königliche Residenz, sondern auch bedeutende Handelsstadt war.

Seit 712 unter islamischer Herrschaft, wurde die Stadt 1248 von den Kastiliern unter Fernando III. zurückerobert. Mit der Entdeckung der Neuen Welt 1492 begann Sevillas Goldenes Zeitalter, damals erhielt die Stadt das Handelsmonopol für die überseeischen Gebiete. Um 1700 jedoch begann der Guadalquivir zu verlanden. Erst die Iberoamerikanische Ausstellung 1929 und schließlich die Expo 1992 verhalfen der Stadt wieder zu neuer Geltung.

Der Barockprunk zusammen mit den fast dörflichen Ecken im Barrio de Santa Cruz und um die Plaza Alfalfa, die Patios und die Blumenfülle in den Parks und Gärten ergänzen perfekt die Eleganz der Fußgängerzonen und Repräsentationsbauten.

Folkloretänzerinnen auf der Plaza de España

Verkehrsmittel

- Auf dem **Flughafen San Pablo** (Tel. 902 21 03 17; www.aena.es) landen u. a. Iberia, Lufthansa, Ryanair und Air Berlin.
- Vom **Bahnhof** Santa Justa (Avda. Kansas City s/n) fährt der Hochgeschwindigkeitszug AVE nach Madrid und Córdoba.
- Vom **Busbahnhof** Prado de San Sebastián (Tel. 954 41 71 11) fahren Busse u. a. nach Alméria, Cádiz, Granada, Málaga und Ronda; von der Pl. de Armas (Tel. 954 90 80 40) u. a. nach Huelva, Córdoba und Madrid.
- Das **innerstädtische Bussystem** ist unkompliziert. Busse

Sevilla Card

Die Besucherkarte für Sevilla gibt es für 24, 48, 72 oder 120 Stunden. Sie gewährt freien Eintritt in Museen, ermöglicht unbegrenzte Nutzung der Stadtrundfahrtbusse sowie eine Flusskreuzfahrt auf dem Guadalquivir und bietet Ermäßigungen in Restaurants, Geschäften etc. Sie kostet ab 33 Euro; bei Onlinebestellung Rabatt: www.sevillacard.es.

mit einem C vor der Nummer verkehren auf dem Straßenring, der Sevilla umschließt. Die großen Plätze wie Puerta de Jerez und Plaza Nueva sind gute Umsteige- und auch Taxihalteplätze.

■ Seit 2009 verkehrt die erste der geplanten vier **Metro**-Linien teils ober-, teils unterirdisch in Ost-West-Richtung über die Puerta de Jerez südlich des Zentrums.

Wichtige Adressen

Auskunftsstellen der **Oficina de Turismo** findet man an der Basilíca de la Macarena, Bécquer 1, an der Plaza San Francisco und an der Avda. de la Constitución 21 B; Tel. 954 22 14 04, www.andalucia.org; www.turismosevilla.org.

Unterwegs in Sevilla

Kathedrale und Alcázar

– 4 – ***Kathedrale Santa María › Giralda › Lonja mit dem Archivo de las Indias › ***Reales Alcázares › **Barrio de Santa Cruz

Dauer: Etwa 6 Std.
Praktische Hinweise:
Die Ziele liegen nah beieinander, trotzdem sollte man sich Zeit lassen. Tapas-Bars und Souvenirshops findet man im Barrio de Santa Cruz nordöstlich der Kathedrale reichlich.

***Kathedrale Santa María 1

1402 wurde mit dem Bau auf den Grundmauern der Almohadenmoschee begonnen. Kunsthistorisch interessant sind die beiden Portale aus dem 15. Jh., welche die **Puerta Mayor** ⓐ flankieren: rechts die Puerta del Nacimiento (Geburt Christi) und links die Puerta del Bautismo (Taufe Christi). Auf die Calle de los Alemanes öffnet sich die **Puerta del Perdón** ⓑ, das aus almohadischer Zeit stammende, später plateresk geschmückte »Tor der Vergebung«.

Dahinter liegt der Orangenhof, der **Patio de los Naranjos** ⓒ, der einstige Moscheehof, in dem die rituellen Waschungen vorgenommen wurden. Die **Puerta de la Concepción** ⓓ wurde erst im frühen 20. Jh. ausgestaltet. Vor der **Puerta del Lagarto** ⓔ erinnert ein hölzernes Krokodil an die erfolglose Brautwerbung des ägyptischen Sultans um die Tochter von Alfonso X. dem Weisen.

Giralda ⓕ

Ein Symbol Sevillas ist die Giralda. Ab 1184 von den Almohaden als Minarett errichtet, wurde die Giralda von den Christen als Glockenturm der Kathedrale weiter genutzt. Die den Turm bekrönende Bronzefigur, eine Personifikation des christlichen Glaubens, dient als Wetterfahne und wird wegen ihrer sich drehenden Bewegung (*girar* = drehen) *Giraldillo* genannt. Sie gab dem 94 m hohen Turm den heutigen Namen. Über Rampen kann man die Giralda besteigen.

Im Inneren

Durch die **Puerta del Lagarto** ⓔ betritt man das imposante Kircheninnere. Der Chor liegt im Westen, sein Gitter (16. Jh.) gilt als Meisterwerk spanischer Schmiedekunst. Der geschnitzte und vergoldete Hauptaltar im Presbyterium ist der größte der Welt. Über 200 Heiligenfiguren schmücken die Altarpfeiler. 1482 begann Pieter Dancart das Werk; fast 100 Jahre vergingen bis zur Vollendung. Hinter dem Hauptaltar liegt die **Capilla Real** ⓖ, die königliche Kapelle. Vor dem Altar ruhen in einem silbernen Sarkophag die Gebeine Fernandos III., des Heiligen, der 1248 Sevilla aus der Hand der Mauren eroberte; an den Wänden sind die Grabmäler seiner Gattin Beatrix von Schwaben (rechts) und seines Sohnes Alfonso X. des Weisen (links) zu sehen. In der **Sacristía Mayor** ⓗ sind neben der Prozessionsmonstranz von Juan de Arfe (16. Jh.) Gemälde von Murillo und Zurbarán (»hl. Theresia«) ausgestellt.

Seit 1902 befindet sich das marmorne **Grabmal von Christoph Kolumbus** ⓘ in der Kathedrale. Die Abbilder der Könige der alten spanischen Reiche Navarra, Aragón, Kastilien und León tragen den Sarg des Seefahrers auf ihren Schultern.

In der Taufkapelle **Capilla de San Antonio** ⓙ fällt die »Vision des hl. Antonius von Padua« auf, ein Gemälde von Murillo (1656).

!! Geöffnet Mo–Sa 11–17, So, Fei 14.30–18 Uhr, Juli/August Mo–Sa 9.30–16, So, Fei 14.30 bis 18 Uhr; Eintritt 7,50 €, ermäßigt 2 €; www.catedraldesevilla.es

Lonja 2

Die zweigeschossige Lonja (Handelsbörse) wurde 1583–1598 im

- ⓐ Puerta Mayor
- ⓑ Puerta del Perdón
- ⓒ Patio de los Naranjos
- ⓓ Puerta de la Concepción
- ⓔ Puerta del Lagarto
- ⓕ Giralda
- ⓖ Capilla Real
- ⓗ Sacristía Mayor
- ⓘ Grabmal von Kolumbus
- ⓙ Capilla de San Antonio

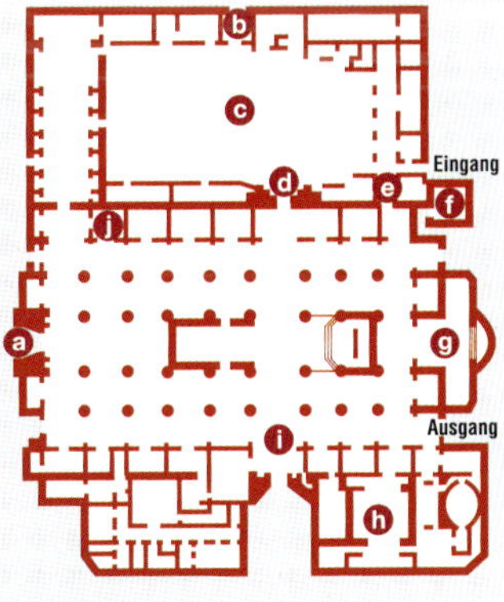

Kathedrale

strengen Renaissancestil Juan de Herreras, des Hofarchitekten Philipps II., erbaut. Seit 1785 ist hier das **Archivo de las Indias,** das Kolonialarchiv, untergebracht, dessen kostbare Dokumenten- und Kartensammlung die Beziehungen zwischen Spanien und seinen gesamten amerikanischen Kolonien belegt.

1 ***Reales Alcázares 3

Der Königspalast wurde zur Zeit der Almohaden (12. Jh.) angelegt, nach der Rückeroberung (1248) von christlichen Herrschern übernommen und bis ins 16. Jh. erweitert, u. a. von Alfonso X, dem Sohn Fernandos III.

Man betritt die Reales Alcázares (span. *alcázar* = Burg, Palast) durch die Puerta de León. Durch den Patio de la Montería (Jagdhof) gelangt man zum Patio de León (Löwenhof).

Palacio de Pedro I

Die Residenz von Peter I. dem Grausamen (1350–1369) an der Südseite des Löwenhofs gilt vielen als der schönste Mudéjar-Palast des Landes.

Maurische Künstler aus Granada haben an der Gestaltung mitgewirkt, wodurch sich die Ähnlichkeit mit der Keramik- und Stuckornamentik der Alhambra erklärt. Von den Mauren in Spanien eingeführt, verzieren glasierte Fliesen, *azulejos*, Wände und Sockel und dienen zur Ausgestaltung von Innenhöfen und Gartenanlagen.

Salons und Innenhöfe

Der Palast gruppiert sich um zwei Höfe: den ***Patio de las Doncellas,** einst Mittelpunkt des repräsentativen Lebens, und den kleineren ***Patio de las Muñecas,** dem Zentrum des Privatlebens. Hinter dem Eingangstor führt ein winkliger Gang zum »Hof der Hofdamen«. Er ist von Galerien mit Spitzbögen umgeben. Eine Gartenanlage islamischer Tradition mit schmalem Wasserbecken und tief liegenden Beeten grenzt daran.

Südlich davon befindet sich der **Salón del techo de Carlos V.**, benannt nach der Kassettendecke aus der Zeit Karls V. Nach Westen öffnet sich der Hof zum **Salón de Embajadores.** Die den Himmel

– 4 – Kathedrale und Alcázar

1 Kathedrale Santa María
2 Lonja
3 Reales Alcázares
4 Gärten des Alcázar
5 Plaza de Doña Elvira
6 Hospital de los Venerables Sacerdotes

– 5 – Den Guadalquivir entlang

7 Stierkampfarena
8 Puente de Isabel II.
9 Santa Ana
10 Torre de Oro
11 Hospital de la Caridad
12 Paseo de las Delicias
13 Palacio de San Telmo
14 Ehemalige Tabakfabrik
15 Parque de María Luisa

– 6 – Paläste, Kirchen, Konsumtempel

16 Casa de Pilatos
17 Plaza Alfalfa
18 Flamenco-Museum
19 El Salvador
20 Rathaus
21 Palacio Lebrija
22 Museo de Bellas Artes
23 Alameda de Hércules
24 Puerta de la Macarena

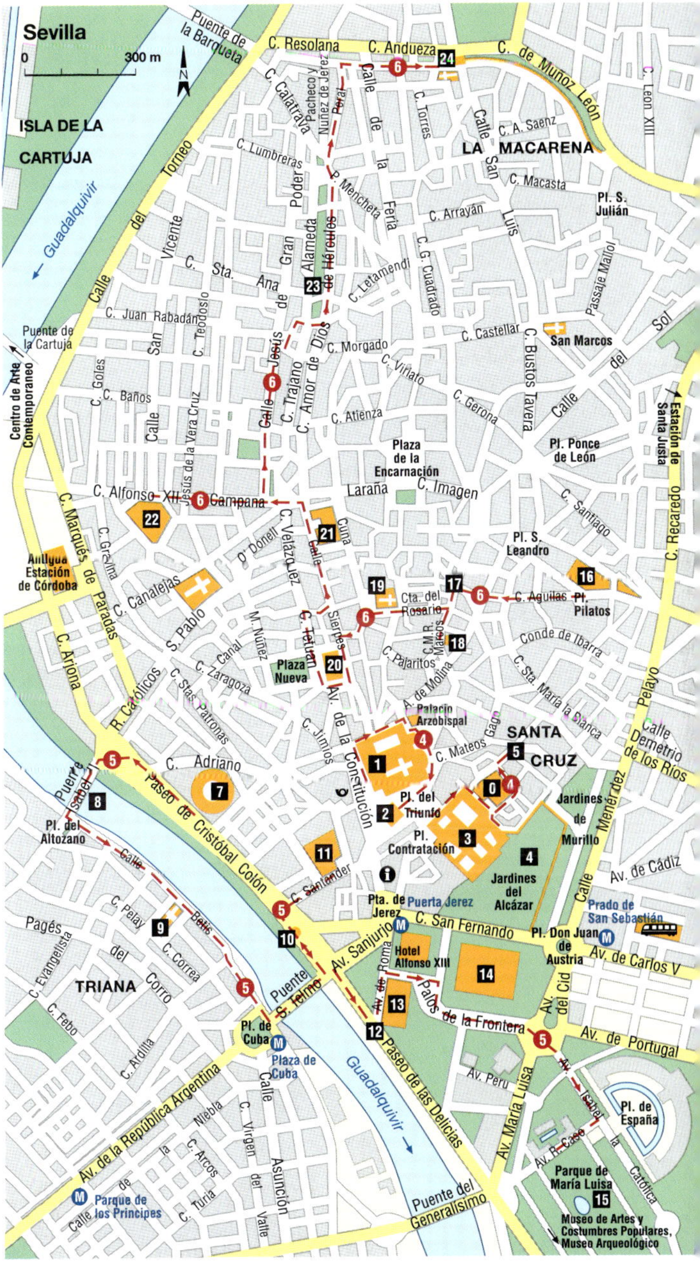
Sevilla
0
300 m
N
ISLA DE LA CARTUJA
Guadalquivir
Puente de la Barqueta
C. Resolana
C. Andueza
C. de Muñoz León
C. Leon XIII
C. Calatrava
Pacheco y Nuñez de Jerez
Peral
Calle de la Feria
C. Torres
Calle San Luis
C. A. Saenz
LA MACARENA
C. Macasta
Pl. S. Julián
C. Lumbreras
Poder
Alameda de Hércules
P. Mencheta
C. Arrayán
Passaje Mallol
Calle del Torneo
Vicente
C. Sta. Ana
Gran
de Jesús
C. Letamendi
C. G. Cuadrado
C. Castellar
San Marcos
Sol
C. Juan Rabadán
San
C. Teodosio
C. Morgado
C. Virlato
C. Bustos Tavera
Calle del
Puente de la Cartuja
Centro de Arte Contemporaneo
C. Goles
C. Baños
Calle
Jesús de la Vera Cruz
Calle
C. Trajano
C. Amor de Dios
C. Atienza
C. Gerona
Estación de Santa Justa
Plaza de la Encarnación
Pl. Ponce de León
C. Alfonso XII
Campana
Laraña
C. Imagen
C. Marqués de Paradas
C. Velázquez
Cuna
Calle
C. Santiago
C. Recaredo
C. Gravina
O' Donell
Pl. S. Leandro
Antigua Estación de Córdoba
C. Canalejas
Cta. del Rosario
C. Aguilas
Pl. Pilatos
S. Pablo
M. Nuñez
C. Tetuán
Sierpes
C.M.R. Marcos
Conde de Ibarra
C. Arjona
Canal
C. Zaragoza
Plaza Nueva
C. Pajaritos
C. Sta. María la Blanca
Pelayo
R. Católicos
C. Stas. Patronas
Av. de la Constitución
A. de Molina
Palacio Arzobispal
Gago
SANTA CRUZ
Calle Demetrio de los Ríos
C. Jimios
C. Mateos
Puente Isabel II
C. Adriano
Paseo de Cristóbal Colón
Pl. del Triunfo
Jardines de Murillo
Menéndez
Pl. del Altozano
Calle Betis
Pl. Contratación
Jardines del Alcázar
Av. de Cádiz
C. Santander
Pta. de Jerez
Puerta Jerez
Calle
Prado de San Sebastián
C. Pelay
Pagés del Corro
C. Correa
C. San Fernando
Pl. Don Juan de Austria
Av. Sanjurjo
Av. de Roma
Hotel Alfonso XIII
Av. de Carlos V
C. Evangelista
TRIANA
Puente S. Telmo
Av. del Cid
C. Febo
Palos de la Frontera
Av. de Portugal
Pl. de Cuba
Plaza de Cuba
Guadalquivir
Paseo de las Delicias
Av. Perú
Av. Isabel la Católica
C. Ardilla
Calle Niebla
Av. María Luisa
Pl. de España
Av. de la República Argentina
C. Virgen del Valle
Asunción
C. Arcos
Av. R. Caso
Parque de María Luisa
Parque de los Principes
Calle de la Turia
Puente del Generalisimo
Museo de Artes y Costumbres Populares, Museo Arqueológico
0
1
2
3
4
5
6
7
8
9
10
11
12
13
14
15
16
17
18
19
20
21
22
23
24

symbolisierende Kuppel mit Sternornamenten macht den »Botschaftersaal« zum Prunkstück des Alcázars.

Durch einen Nebenraum kommt man in den stimmungsvollen **Patio de las Muñecas,** den »Puppenhof«. Er verdankt seinen Namen zwei winzigen Medaillons mit Kinderköpfchen an einem der Bögen.

Von dort gelangt man zum **Salón del techo de Felipe II.** und zum **Cuarto del Príncipe,** dem »Prinzengemach«, benannt nach dem im Alcázar geborenen Prinzen Juan, Sohn der Katholischen Könige Isabella von Kastilien und Ferdinand von Aragón.

Mudéjar-Kunst

Als *mudéjares* (von arab. *mudayyan* = Unterworfener) werden die in den zurückeroberten Gebieten unter christlicher Herrschaft verbliebenen Mauren bezeichnet. Die neuen christlichen Herren schätzten ihre handwerklichen und künstlerischen Fähigkeiten und beriefen sie zur Gestaltung ihrer Bauten.

Auf diese Weise entstand im Spätmittelalter ein spezifischer Stil, der *mudejarismo*: Arabische Kalligrafie, Arabesken, Stalaktiten und geometrische Motive werden mit gotischem Schmuckwerk wie Weinblattranken und Wappen kombiniert. Doch während sich der Baudekor an Formen der islamischen Kunst orientiert, entspricht die Raumauffassung der Sakralbauten zumeist jener der Gotik.

*Palast Karls V. und Gärten des Alcázar

Den **Palast Karls V.** betritt man durch einen Renaissancehof. Den ersten Prunksaal zieren Kopien flämischer Wandteppiche (18. Jh.), auf denen die Eroberung von Tunis durch Karl V. verherrlicht wird. Der Fliesendekor des folgenden Raums zeigt Darstellungen aus der Neuen Welt.

Südlich des Palastes erstrecken sich die herrlichen **Gärten des Alcázar** (*Jardines del Alcázar*) **4** mit einer Fülle exotischer Pflanzen. Im 16. Jh. angelegt, wurden sie später mehrfach umgestaltet. Im 17. Jh. wurde die *Galería del Grutesco*, Groteskengalerie, errichtet, von der man die gesamte Anlage überblickt.

!! Öffnungszeiten Alcázar: April bis Sept. Mo–So 9.30–19, Okt. bis März 9.30–17 Uhr, www.patronato-alcazarsevilla.es. Um lange Schlangen an der Kasse zu vermeiden, empfiehlt sich ein Besuch in der Mittagszeit, wenn die Touristengruppen beim Essen sind.

**Barrio de Santa Cruz

Eine Passage an der Südostseite des Patio de las Banderas (Fahnenhof) führt in den Barrio de Santa Cruz. Das Entdecken dieses Barrio, der in manchen Straßenzügen aufgeputzt, in anderen wieder ländlich still wirkt, macht richtig Spaß. Die engen Gassen des ehemaligen Judenviertels, die weißen Fassaden, schmiedeeisernen Balkone, gefliesten Innenhöfe und der Blumenschmuck vermitteln viel andalusisches Stilgefühl.

Die Kathedrale Santa María

Über die Calle Judería und die Calle de la Vida gelangt man zum schönsten Platz dieses Viertels, der eleganten ***Plaza de Doña Elvira** **5**. Der mit Azulejos dekorierte Springbrunnen im Zentrum des Platzes, an dem viele Restaurants liegen, greift mit seinen Farben – Grün, Blau, Weiß, Schwarz und Gelb – und seiner Gestaltung die jahrhundertealte muslimische Tradition auf: Wasser symbolisiert Reinheit, der Pflanzenschmuck das Paradies.

In der Nähe liegt das **Hospital de los Venerables Sacerdotes** **6**, ein 1675 gegründetes Altersheim für Priester. Die Kapelle ist mit wertvollen Fresken von Juan de Valdés Leal und seinem Sohn Lucas Valdés ausgestattet. Über die Gassen Reinoso und Lope de Rueda erreicht man die stille **Plaza de Santa Cruz** mit einem schmiedeeisernen Kreuz (17. Jh.) im Zentrum.

Das ganze Viertel lädt mit seinen **lauschigen Plätzen und versteckten Patios,** netten Läden und vielen Restaurants oder Tapas-Bars zu Streifzügen ein.

Echt gut!

Tapas-Bars

Bar Giralda
Mateos Gagos 1
Die Bar mit Azulejos Wänden ist ein Klassiker. ●●

Casa Robles
Contreros 12][Tel. 954 21 31 50
Familienbetrieb im Barrio Santa Cruz mit exquisiter Schinken-Tapa und einer auch sonst überzeugenden Karte. ●●

Teresas
Santa Teresa 2
In der beliebten, winzigen Bar stehen sich um die Mittagszeit die Sevillaner die Beine in den Bauch. ●

Freiduría Puerta de la Carne
Puerta de la Carne 2
Tel 954 42 27 59
Jugendstilfliesen schmücken die stilvolle Bar. In dem nostalgisch wirken-

den Ambiente kauft man eine Spezialität Andalusiens, frittierten Fisch, in Papiertüten verpackt, und isst ihn beim Flanieren durch die benachbarten Jardines de Murillo oder draußen an Stehtischchen. So geschl. ●

Den Guadalquivir entlang

– 5 – *Stierkampfarena › Puente de Isabel II. › *Triana › Torre de Oro › **Hospital de la Caridad › Paseo de las Delicias › **Parque de María Luisa

Dauer: Mit Pausen ½Tag.
Praktische Hinweise: Diese Strecke lässt sich gut unterteilen, da man von der Stierkampfarena aus Triana einen Besuch abstattet und dann wieder auf das östliche Ufer wechselt. Im ehemaligen Fischerviertel Triana gibt es etliche Tapas-Restaurants; bekannt sind außerdem seine Keramikgeschäfte. Auf der anderen Uferseite flankieren Terrassencafés den Guadalquivir. Sehr nett ist auch das Gartencafé im Parque de María Luisa.

Besonders an heißen Tagen – und die sind in Sevilla von Mai bis Oktober nicht selten! – ist ein Spaziergang am Guadalquivir eine Wohltat. Die Lebensader der Stadt versammelt einige der wichtigsten Sehenswürdigkeiten. Schön sind auch die Pavillons der Iberoamerikanischen Ausstellung 1929 und der Weltausstellung 1992, inklusive Abstecher zur Expo-1992-Insel **La Cartuja** (› Exkurs S. 55).

*Stierkampfarena 7

Am Paseo de Colón am Ostufer des Guadalquivir liegen das Opernhaus Teatro de la Maestranza und die Stierkampfarena, der Plaza de Toros de la Real Maestranza (mit Museum; Mai–Okt. 9.30–20 Uhr, Nov.–April 9–19 Uhr geführte Besuche auf Englisch und Spanisch; an Corrida-Tagen Infos unter Tel. 954 21 03 15). Hier beginnt unsere Tour.

*Triana

Die Stahlbrücke **Puente de Isabel II.** 8 (auch Puente de Triana genannt) aus dem 19. Jh. führt über den Guadalquivir zum Barrio de Triana, dem traditionellen Viertel der Hafenarbeiter, Handwerker und *calé*, Zigeuner. Von der Brücke überblickt man die Uferpromenade Paseo de Colón mit der Torre de Oro und der Stierkampfarena.

Rund um die Calle Alfarería findet man Keramikwerkstätten, Gitarrenbauer und Flamenco-Schulen. Die älteste Kirche des Viertels, **Santa Ana** 9, 1280 erbaut, wurde im 18. Jh. barockisiert.

Restaurant

Die Uferstraße **Calle Betis** ist beidseitig mit Restaurants und Bars gespickt. Im **Río Grande** speist es sich besonders fein und stimmungsvoll. Degustationsmenüs, auch vegetarische Küche. **(Calle Betis s/n, Tel. 954 27 39 56,** tgl. geöffnet, ●●)

Nightlife

Die **Terraza Capote** ist eigentlich nichts anderes als eine Ansammlung von Tischen und Stühlen auf Kies nebst Barkiosk unterhalb der Puente de Triana (Puente de Isabel II.). Tagsüber dort zu sitzen ist schon nett, richtig gut wird's in der Nacht, wenn bis morgens um 3 Uhr DJs auflegen.

Torre de Oro 10

Ein Zeuge des Goldenen Zeitalters von Sevilla wartet ganz in der Nähe: Die Torre de Oro, der Goldene Turm, wurde 1220 als Wachtturm für den Hafen errichtet und diente später als Gefängnis und als Zollturm. Ursprünglich war er mit goldglänzenden Fliesen verkleidet (Di–Fr 10–14, Sa, So 11–14 Uhr). Heute beginnen dort stündlich Bootsfahrten auf dem Guadalquivir.

**Hospital de la Caridad 11

An der Calle Temprado liegt das Hospital de la Caridad. Das bedeutende Bauwerk des Sevillaner Barock (17. Jh.) ist einer Stiftung des Calatrava-Ritters Don Miguel de Mañara im Jahr 1662 zu verdanken, der damit für seinen ausschweifenden Lebenswandel Buße tun wollte. Eine ganz besondere Kostbarkeit sind die Gemälde der Sevillaner Maler Murillo, Zurbarán und Valdés Leal in der Hospitalkirche. Diese Gemäldesammlung ist neben der des bekannten Museo de Bellas Artes die zweitwichtigste in Sevilla (Di–Sa 9–13.30 und 15.30–19.30 Uhr, So/

*Isla de la Cartuja

Im Nordwesten der Stadt liegt das Gelände der Expo 92, die **Isla de la Cartuja**. Von den noch stehenden Gebäuden beherbergen einige Forschungseinrichtungen, während im Kartäuserkloster *(Cartuja)* das ***Centro Andaluz de Arte Contemporáneo** (CAAC, Zentrum für zeitgenössische Kunst, www.caac.es) untergebracht ist (Di–Sa 11–21 Uhr, So 11–15 Uhr; Di–Fr und Sa freier Eintritt).

Viel Geld in die Infrastruktur zu stecken, ist den *sevillanos* anlässlich der Expo versprochen worden. Dabei entstand ein Glanzstück: Die 1992 von dem renommierten Architekten Santiago Calatrava errichtete imposante **Alamillo-Brücke** wurde zum neuen Wahrzeichen der Stadt. Die Fahrbahn tragen 26 Seile, aufgehängt an einem 140 m hohen, schrägen Pfeiler.

Im Mai 2008 beschloss das Stadtparlament, auf dem Gelände der Cartuja eine Moschee und ein islamisches Kulturzentrum bauen zu lassen. Es wird im westlichen Bereich liegen und ein Areal von 6000 m^2 umfassen.

Der Vergnügungspark **Isla Mágica** auf der Isla de la Cartuja lädt von April bis Anfang November zu einer Reise in die Zeit des Kolumbus ein: Der Besucher findet sich im Sevilla des 16. Jhs. wieder und erlebt Abenteuer in der Neuen Welt (Infos über Angebot und Öffnungszeiten: Tel. 902 16 17 16; www.islamagica.es).

Bunte Fliesenbilder schmücken den gesamten Sockel des Pavillons an der Plaza de España

Fei 9–13 Uhr). Eine Legende übrigens machte Mañara zum Vorbild für Don Juan, doch Tirso de Molina schrieb sein Drama über den »Verführer von Sevilla« viel früher, bereits 1638.

Paseo de las Delicias 12

Der Paseo de las Delicias setzt den Paseo de Colón nach Süden fort. Er wurde anlässlich der Iberoamerikanischen Ausstellung 1929 entworfen und führt zum barocken **Palacio de San Telmo** 13, einst Seemannsschule, später Priesterseminar und heute Regierungsgebäude.

An der Calle de San Fernando liegt die **ehemalige Tabakfabrik** 14 aus dem Jahr 1725, in der heute Teile der Universität untergebracht sind. Sie machte Prosper Merimée zum Schauplatz seiner Novelle »Carmen«.

**Parque de María Luisa 15

Den Stadtpark schenkte die Infantin María Luisa, Schwester Isabellas II., der Stadt. Auf dem 35 ha großen Parkgelände fand 1929 die Iberoamerikanische Ausstellung statt; einige Pavillons der Teilnehmerstaaten sind erhalten. Eine breite Allee führt zur ***Plaza de España**, einer großen Platzanlage mit dem prunkvollen Palacio Central I, dem ehemaligen Pavillon des Gastgeberlandes. Den kompletten Sockel des Halbrunds zieren Bilder auf bunten Fliesen mit Szenen aus der Geschichte der Provinzen. Durchquert man den Park mit seinen Baumalleen und Liegeflächen, gelangt man zur **Plaza de América** mit drei früheren Ausstellungsgebäuden.

Im Pabellón Mudéjar befindet sich heute das **Museo de Artes y

Costumbres Populares (Volkskundemuseum). Es zeigt u.a. Trachten, Möbel und Haushaltsgegenstände sowie eine Sammlung volkstümlicher Azulejos (Di–Sa 9–20.30 Uhr, So 9–14.30 Uhr; der 1. Stock ist derzeit geschlossen).

Sehenswert ist auch das gegenüber im Pabellón Plateresco untergebrachte **Museo Arqueológico.** Seine Sammlungen reichen von der Frühgeschichte über Funde aus der römischen Ausgrabungsstätte Itálica bis ins 15. Jh. (Di–Sa 9–20.30, So 9–14.30 Uhr).

Paläste, Kirchen, Konsumtempel

– 6 – **Casa de Pilatos › *Plaza Alfalfa › **Flamenco-Museum › *El Salvador › *Calle Sierpes › Rathaus › *Palacio Lebrija › **Museo de Bellas Artes › Alameda de Hércules › La Macarena

Dauer: Wer es gemütlich mag, nimmt sich am besten einen ganzen Tag Zeit für diese Tour. **Praktische Hinweise:** Das Besichtigungspensum bei dieser Tour ist enorm, aber abwechslungsreich. Pausen macht man an der Plaza Alfalfa und im Café Campana am Ende der Calle Sierpes. Zum Schluss kann man den Tag entspannt in einem der neuen Terrassencafés an der Alameda de Hércules ausklingen lassen. Ein Stadtplan ist wegen der vielen kleinen Gässchen nützlich.

**Casa de Pilatos 16

Der Adelspalast aus dem 16. Jh. ist heute die Residenz der Herzöge von Medinaceli. Er fasziniert durch die eigenwillige Kombination mehrerer Stilrichtungen. Den zweigeschossigen Haupthof ziert reicher Stuckdekor, an den Wänden ist eine Fliesendekoration (1536–1538) zu sehen, die Wandteppiche imitiert. Büsten römischer Herrscher schmücken die Wandnischen. Rechts liegt der Salón del Pretorio, durch den man den Jardín Chico, den Kleinen Garten, erreicht; durch den Salón de la Fuente linker Hand hat man Zugang zum Jardín Grande. Das Treppenhaus wird von einer prächtigen hölzernen Kuppel geziert (März–Sept. tgl. 9–19 Uhr, sonst bis 18 Uhr).

*Plaza Alfalfa 17

Die Calle Aguilas führt zur Plaza Alfalfa. Auf diesem malerischen Platz breiten sich unter Schatten spendenden Bäumen Cafés und Tapas-Bars aus. Die **Konditoreien Horno San Buenaventura und Los Angelitos** in der Alcaicería de la Loza 29 verwenden arabische Rezepte. Bei einem anschließenden Bummel durch die Einkaufspassagen mit gediegenen Geschäften für Schmuck, Stoffe, Accessoires und Schuhe stört kein Autoverkehr.

Echt gut!

Tapas-Bar

Bar Europa

Plaza de Pan/Calle Siete Revueltas

Seit den Anfängen des 20. Jhs. ein Hort bester traditioneller Tapas-Kultur.

2 **Flamenco-Museum 18

Von der Plaza Alfalfa entführt ein kleiner Abstecher zum Museo del Baile Flamenco, dem Museum für Flamenco-Tanz.

Die Gründerin Cristina Hoyos ist wohlbekannt, sie tanzte mit Antonio Gades in Carlos Sauras Filmen »Carmen« und »Bluthochzeit«. Hier ist die Interaktivität Prinzip – **ein ausgezeichnetes Museum** für Tanz, Stile, berühmte Interpreten und Musik, das dem Flamenco jenseits allen Folklorekitschs seine historische Dimension verleiht. Dazu gibt es Vorführungen, eine kleine Boutique und natürlich Flamenco-Kurse (C. Manuel Rojas Marcos 3, Tel. 954 34 03 11, www.museoflamenco.com, tgl. 10–19 Uhr).

Echt gut!

Echt gut! Die originellsten Museen

- Über Geschichte und Gegenwart des Flamenco erfährt man nirgends so viel und auf so unterhaltsame Weise wie im **Museo del Baile Flamenco** in Sevilla. › S.58
- Andalusien war einmal eine Hochburg der Banditen – seit »Carmen« wissen wir das. In Ronda hat man ihnen das **Museo Bandolero** gewidmet. Auch empfehlenswert: das **Stierkampfmuseum** dort. › S. 86
- Wer die Ansicht vertritt, Uhren hätten ausschließlich praktischen Nutzen, wird im **Uhrenmuseum** in Jerez de la Frontera eines betörenden Besseren belehrt. › S. 98
- Picasso mal ganz privat – das **Museo Picasso** in Málaga zeigt den Entwicklungsgang des Künstlers und viele Familienporträts. › S. 114
- Oliven bilden eine der wichtigsten Einnahmequellen Andalusiens. Also ist ein **Olivenmuseum** hier – in der Hacienda la Laguna in Baeza – genau richtig. › S. 133

*El Salvador 19

Die spätbarocke Kirche El Salvador, die an der Stelle der ersten Freitagsmoschee der Stadt entstand, ist frisch renoviert worden, und man kann jetzt auch den Patio für die rituellen Waschungen sehen, der von dem islamischen Vorgängerbau erhalten blieb.

Das Kircheninnere beeindruckt durch die prächtige barocke Ausstattung, besonders durch den goldbedeckten deckenhohen Altar. Hier ist einer der berühmten *pasos* zu finden, Tragebühnen, die während der Semana Santa in Prozessionen durch die nächtliche Stadt getragen werden (› S. 64).

*Calle Sierpes

Auf dem Weg zur Plaza San Francisco mit dem alten Rathaus wird die Calle Sierpes gequert, ein wahres Einkaufsparadies, etwa für Mode, Schuhe, Mantillas, Porzellan und Schmuck. Fundgruben sind hier etwa Victorio & Lucchino Vintage, (Hausnr. 87), wo es die barock-andalusischen Kreationen der bekanntesten Sevillaner Designer aus den abgelaufenen Saisons gibt, und viele weitere. Das Haute-Couture-Geschäft von Victorio & Lucchino befindet sich an der Plaza Nueva (www.victorioylucchino.com).

Große, farbenprächtige Prozessionen prägen das Bild der Semana Santa in Sevilla

Rathaus 20

An der Plaza San Francisco erhebt sich das **Rathaus** *(Ayuntamiento)*, ein Prunkstück des plateresken Stils. Der weite Platz davor wird gerne für Freilichtaufführungen genutzt.

cht gut!

Die **Confitería La Campana** an der Plaza Campana stellt verführerische Torten her.

*Palacio Lebrija 21

Parallel zur Calle Sierpes verläuft die Calle Cuna, in der der Palast der Gräfin von Lebrija aus dem 16. Jh. steht. Die Räume sind einer antiken römischen Villa nachempfunden, die Fußböden zeigen Mosaike, die aus der einstigen Römerstadt Itálica (› S. 63) stammen (Mo–Fr 10.30–19.30, Sa 10 bis 14, 16–18, So 10–14 , Juli, Aug. Mo–Fr 9–15, Sa 10–14 Uhr).

**Museo de Bellas Artes 22

Das verschwenderisch ausgestattete Kunstmuseum im einstigen Mercedarierkloster aus dem 17. Jh. westlich der Plaza Campana liefert einen Überblick über die südspanische Malerei seit dem 15. Jh. Bedeutend ist die Sammlung barocker Gemälde, v. a. der Sevillaner Schule mit Werken von Zurbarán, Murillo und Valdés Leal (Plaza del Museo 9; Di–Sa 9–20.30, So 9–14.30 Uhr).

Alameda de Hércules 23

Ein bisschen durch das östlich gelegene Kleinbürgerviertel ge-

In der Tapas-Bar El Rinconcillo in der Calle Gerona

streift, und die Alameda de Hércules ist erreicht. Sie ist mit vier Säulen des ehemaligen Foro Romano geschmückt. Früher hielten die Bewohner in ihren Hinterhöfen Ziegen, in den Vorderhäusern stellten sich die Schönen der Nacht aus. Jetzt gibt es hier und in der Calle Calatrava und der Calle Fresia witzige Designermode sowie jede Menge Bars, Lounges und Cafés.

La Macarena

Im nördlichen Viertel Macarena steht an der Ronda de Sevilla die alte **Puerta de la Macarena** 24. In der 1949 vollendeten **Basílica de la Macarena** thront über dem Hauptaltar die Figur der Virgen de la Esperanza, genannt La Macarena. Dieser Marienfigur (17. Jh.) werden alljährlich zur Semana Santa die Juwelen der Herzogin von Alba angelegt. In der Nacht von Donnerstag auf Karfreitag hat sie ihren großen Auftritt. Im angrenzenden **Museum** sind die Festgewänder und Schmuckstücke sowie die *pasos* ausgestellt, die in der Nacht auf Karfreitag zur Kathedrale getragen werden (Kirche Mo–Sa 9–13, 17–20 Uhr, So ab 9.30 Uhr).

Donnerstagvormittags lohnt sich ein Besuch des **Flohmarkts in der Calle Feria.** Echt gut

Hotels

■ **Alfonso XIII**
San Fernando 2
Tel. 954 91 70 00
www.hotel-alfonsoxiii.com
Das spektakulärste und luxuriöseste Grandhotel der Stadt, mit gepflegtem Park und Pool. ●●● Echt gut

■ **EME Catedral Hotel**
Alemanes 27
Tel. 954 56 00 00
www.emecatedralhotel.com

Superschick, supercool und ziemlich teuer. Punktet mit modernem Design und zentraler Lage. Mit Restaurants, Spa, Tapas-Bar und Lounges. ●●●

■ **Hotel Casa 1800**
Rodrigo Claro 6][Tel. 954 56 18 00
www.hotelcasa1800sevilla.com
Elegantes Hotel in einem ehemaligen Stadtpalast im Barrio Santa Cruz mit komfortablen, stilvoll eingerichteten, nicht sehr großen Zimmern. ●●–●●●

■ **Hotel Corregidor**
Morgado 17][Tel. 954 38 51 11
www.sevillaonline.com/hoteles
Palastfassade, innen eher dezent. Liegt zentral und trotzdem ruhig. Freundlicher Service, gute Ausstattung, Zimmer eher klein. ●●–●●●

■ **Casa Sacristia Santa Ana**
Alameda de Hércules 22
Tel. 954 91 57 22
www.sacristiadesantaana.com
Echt gut! **Das Hotel in einem restaurierten Adelshaus mit Patio aus dem 17. Jh.** hat 25 individuell gestaltete Zimmer, ein bisschen barock, ein bisschen klassisch. ●●

■ **Hostal Sierpes**
Corral del Rey 22][Tel. 954 22 49 48
www.hsierpes.com
Im Barrio de Santa Cruz, mit viel Liebe zum nostalgischen Detail gestaltet. ●

Restaurants

■ **La Albahaca**
Plaza de Santa Cruz 12
Tel. 954 22 67 14
Vornehm eingerichtet in einem Palast aus der Zeit um 1900, exquisite Speisekarte. So geschl. ●●●

■ **Abades Triana**
Calle Betis 69][Tel. 954 28 64 59
Stilvoll speisen im eleganten Ambiente mit Blick auf den Goldturm. ●●

■ **Santo**
Argote de Molina 29
Tel. 954 56 10 20
www.santorestaurante.com
Kühl, elegant und puristisch im Stil. Martín Berasátegui (ein Michelin-Stern) kocht mediterran-andalusisch-experimentell (im Hotel Eme). ●●●

Tapas-Bars

Das liebste Abendprogramm der Sevillaner sieht folgendermaßen aus: Von einer Tapas-Bar in die nächste ziehen, gerne bis morgens um halb drei Uhr. Traditionsreich und originell sind **El Rinconcillo** (**Gerona 40**), **La Giralda**

Echt gut!

Die urigsten Bodegas

■ Richtig rustikal: Die Gäste der **Bodega Diaz Salazar** in der **García Vinuesa 2** in **Sevilla** plaudern am Tresen oder sitzen zwischen Weinfässern und essen köstliche und preiswerte Tapas. Mo–Sa 11.30–15 und 19–0.30 Uhr, So 11.30–15 Uhr. ●

■ Die **Antiguas Bodegas Castañeda** in **Granada** (Nähe Plaza Nueva) sind im Stil alter Tavernen gehalten. Jede Menge gute Happen und dazu eine große Weinauswahl, um sie herunterzuspülen. › S. 79

■ In der **Antigua Casa de Guardia** in **Málaga** streift der Gast das (deutsche) Vorurteil ab, Málaga-Wein sei billiger Likör und bestenfalls zum Kochen gut. Die *malagueños* lieben diese Kneipe. › S. 115

■ Die **Taberna Salinas** in **Córdoba** bietet neben der vielbesuchten Bodega auch eine Tapas-Bar für kulinarische Genüsse. Tradition seit 1879.
› S. 127

und **Bodega Santa Cruz** (**Mateos Gago**). Empfehlenswert an der **Plaza Alfalfa**: **Los Caracoles**, **La Trastienda** und **Bar Kiko**. Die modernere Variante: **Sevilla Jabugo** (**García de Vinuesa 52**). **La Estrella** (**Estrella 3**) ist eine Institution: **Alt, beliebt, beste Häppchen.**

Echt gut!

Shopping

Sevilla ist ein Einkaufsparadies für Mode, Schuhe, Mantillas, Spitzen, Hüte – besonders rund um die Calle Sierpes und die Kirche El Salvador.

Bordados Foronda, S. A.

Argote de Molina 20

1923 gegründetes Fachgeschäft für von Hand bestickte Schultertücher aus Seide *(mantones)*, Mantillas, Fächer, Flamenco-Kleider und Zubehör.

Taller de Diseño

Calle Luchana 6

Tel. 954 22 71 86

Angela und Adela entwerfen und schneidern sogar für Jean Paul Gaultier und ansonsten für jede Dame, die ihre sorgfältig gearbeiteten und fantasievollen Kreationen im Vintage-Stil mag. Dabei sind sie auch noch erschwinglich: zwischen 500 und 800 Euro kostet ein handgearbeitetes Kleid nach Maß.

Echt gut

Der Flamenco hat eine Messe

Alle zwei Jahre im Oktober findet im Centro Cultural Santa Clara in der Nähe der Calle Feria eine internationale Flamenco-Messe statt, die von Veranstaltern, Musikern, Plattenfirmen und Instrumentenherstellern frequentiert wird. Sie gilt als eines der bedeutendsten Treffen der Flamenco-Spezialisten. Für Fans eine gute Gelegenheit, Konzerte zu besuchen, CD-Präsentationen und Podiumsdiskussionen mitzuerleben oder schlicht eine Modenschau zu verfolgen (Centro Cultural Santa Clara, Calle Becas s/n, Tel. 955 47 13 02).

Nightlife

Teatro Lope de Vega

Avda. de María Luisa

Tel. 954 59 08 53

www.teatrolopedevega.org

Gastspiele von Theater- und Flamenco-Gruppen, Konzerte.

Teatro de la Maestranza

Paseo de Colón

Tel. 954 22 33 44

www.teatromaestranza.com

Gastspiele aus den Bereichen Oper, klassische Musik, Gesang, Flamenco und Ballett.

Teatro Central

José de Gálvez

Isla de la Cartuja

Tel. 955 03 72 00

Bühne für Musik, Theater, Tanz.

Flamenco

Wer einen reinen **Flamenco-Abend** erleben will, sollte die Tablaos **El Arenal** (**Rodo 7, Tel. 954 21 64 92**) oder **Los Gallos** (**Plaza de Santa Cruz, Tel. 954 21 69 81**) besuchen. Im **Patio Sevillano** (**Paseo de Colón 11, Tel. 954 21 41 20**) und im **Palacio Andaluz** (**Avda. Auxiliadora 18, Tel. 954 53 47 20**) schließen die Flamenco-Shows auch weitere Tänze ein. Eine gute Adresse ist das **Flamenco-Museum** in der **Calle Manuel Rojas Marcos** (› S. 58).

Besucherbus im Parque Nacional Coto de Doñana

Ausflüge ab Sevilla

Ruinen von Itálica

Der 206 v. Chr. gegründete Ort 8 km nördlich von Sevilla (erreichbar über die A-66) ist die älteste römische Gründung auf spanischem Boden und Geburtsstätte der römischen Kaiser Trajan und Hadrian. Zu besichtigen sind das Villenviertel (2. Jh. n. Chr.) und das Amphitheater. Links vom Amphitheater beginnt der *Cardo maximus*, die Hauptachse der Stadtanlage. Man kann die Grundrisse der Atriumhäuser noch erkennen. Unter den hier verbliebenen Mosaiken sind neben dem Planetenmosaik mit Büsten der sieben Planetengötter das Neptunmosaik und in der Casa de los Pájaros ein Mosaik mit Vogelabbildungen besonders schön (April–Sept. Di–Sa 8.30 bis 20.30, So 9–15 Uhr; sonst Di–Sa 9–17.30 Uhr).

3 Parque Nacional Coto de Doñana

Das »Jagdrevier von Doña Ana« im Mündungsdelta des Guadalquivir gehörte einst den Herzogen von Medina Sidonia. Es liegt ca. 75 km südwestlich von Sevilla. Im Jahr 1969 wurde das mittlerweile vom Staat erworbene Gebiet als Nationalpark ausgewiesen.

Der heute 54 251 ha umfassende Park weist drei unterschiedliche Landschaftsräume auf: einen ausgedehnten Buschwald, einen Wanderdünengürtel, und zwischen diesen beiden Gebieten Sumpfland *(marismas)*. Dieses Feuchtgebiet ist ein Paradies für über 250 Vogelarten, die hier brüten, überwintern oder rasten.

Von Sevilla aus ist das **Besucherzentrum El Acebuche** bei Matalascañas an der Playa de Castilla in zwei Stunden zu erreichen, dort können Jeeptouren gebucht oder Wanderungen auf eigene Faust unternommen werden (Tel. 959 44 87 11; › auch S. 32).

Special

Die spanische Passion

Prozessionen nach Stundenplan

Während der gesamten Karwoche finden nachmittags und abends in nahezu allen Orten Andalusiens farbenprächtige Prozessionen statt. Beeindruckend fallen sie überall aus, am glanzvollsten sind sie in Sevilla und Málaga.

Wann und wo die einzelnen Prozessionen beginnen und welche Straßen sie entlangziehen, kann man den Stundenplänen entnehmen, die in den Tageszeitungen abgedruckt werden, sowie speziellen Programmen, die überall in der Stadt ausliegen. Ihren Höhepunkt erreicht die Semana Santa in Sevilla mit La Madrugá, der Nacht von Gründonnerstag auf Karfreitag, wenn nach Mitternacht so berühmte Prozessionsfiguren wie der »Cristo del Gran Poder« und die »Virgen Esperanza Macarena« auf dem Weg zur Prozession ihre angestammten Kirchen verlassen.

Doch auch an anderen Orten lassen sich eindrucksvolle Momente erleben, etwa in Granada, wenn am Ostersonnabend gegen 20 Uhr eine Prozession durch die Puerta de la Justicia, das arabische Tor der Alhambra, hinunter in die Stadt zieht.

- **www.guiasemanasanta.com** (span., engl.) informiert ausführlich über die Karwoche in Sevilla, Córdoba und Málaga.
- **www.sol.com/semana-santa** (engl./deutsch) und **www.semana-santa.org** (span.). Speziell zur Karwoche in Sevilla.

Der wichtigste Tag im Jahr

Auf diese Woche warten die Bruderschaften *(cofradías)* das ganze Jahr; sie fiebern dem Tag entgegen, an dem sie ihre mit Blumen und Kerzen geschmückten *pasos* durch die Straßen tragen dürfen. Auf schweren hölzernen Tragebühnen sind mit lebensgroßen Figuren Szenen der Leidensgeschichte Jesu nachgebildet. In Sevilla allein sind es fast 60 Bruderschaften, denen ein bestimmter Tag und eine Uhrzeit zugewiesen werden, um von ihren Pfarrkirchen zur Kathedrale und wieder zurück zu pilgern; auch der Weg, den sie nehmen müssen, ist genau vorgeschrieben.

Jeder Prozession wird ein Kreuz vorangetragen, gefolgt von den *nazarenos,* den in Bußgewänder gekleideten Bruderschaftsmitgliedern. Hinter den Nazarenern mit den typischen spitzen Mützen und Gesichtsmasken schreiten die hohen Würdenträger und die Ministranten mit Weihrauchfässern. Endlich kommen die Pasos, getragen von 36 bis 48 *costaleros* (von *costal,* dem Sack, der Kopf und Schultern der Träger schützt). Sie können hinter der Samtverkleidung der Pasos nichts sehen und werden nur durch die Stimme und die Klopfzeichen ihres Anführers geleitet. Oft proben sie wochenlang für diesen Tag, und es gilt als Ehre, einen Paso unentgeltlich mittragen zu dürfen. Hinter den Pasos gehen Musikkapellen, deren schwermütige Märsche man schon lange hört, bevor der erste Nazarener in Sicht kommt.

Wer nicht das Glück hat, zur Semana Santa in Andalusien zu sein, kann im **Museo de la Basílica de la Macarena** in Sevilla, Calle Bécquer 1 (Tel. 954 37 01 95; Mo–Sa 9–13, 17–20 Uhr) einen Eindruck von der Pracht der Pasos gewinnen, die dort ganzjährig zu sehen sind (› S. 60). Ausgestellt sind außerdem Prunkmäntel und Schmuck der Madonna sowie weiteres Zubehör aus dem Besitz der Bruderschaft (www.hermandaddelamacarena.es).

Im Fokus der Verehrung

Die meisten Bruderschaften besitzen zwei Pasos, von denen der erste Christus gewidmet ist und Szenen wie die Geißelung, den Kreuzweg oder die Kreuzigung zeigt. Der zweite ist von einem Baldachin überspannt, unter dem allein die trauernde Gottesmutter steht, kostbar gekleidet wie eine Königin. Die ganze Pracht der geschnitzten Figuren, der silbernen Leuchter und gestickten Baldachine ist so wertvoll, dass die Prozessionen bei Regen leider abgesagt werden müssen.

***Granada

Nicht verpassen!

- Den Nasriden-Palast der Alhambra zu jeder Tages- und Nachtzeit
- Einen Bummel durch den Albaicín
- Eine Theateraufführung im historischen Setting vor dem Rathaus an der Plaza del Carmen
- Die Aussicht vom Mirador San Nicolás auf die Alhambra bei Sonnenuntergang
- An der Caldería Nueva marokkanisch essen oder Tee trinken

Karte Seite 68

Zur Orientierung

Das maurische Erbe und die landschaftliche Lage Granadas überwältigen. Auf den drei Hügeln Albaicín, Sacromonte und Sabika am Nordwestrand der Sierra Nevada erbaut, gleitet die Stadt sanft in die fruchtbare Talebene des Genil hinab. Einst begründete die Landwirtschaft den Wohlstand, mittlerweile umgürten Neubauviertel die Provinzhauptstadt (240 000 Einwohner). Granada heute ist modern, lebendig, elegant und hat eine der größten Universitäten des Landes.

Zur Blüte gelangte die kleine vorrömische Siedlung unter islamischer Herrschaft. Mohammed I. (1238–1273) ließ den Grundstein zur Alhambra legen, der einzigen in ihrer Gesamtheit weitgehend erhaltenen mittelalterlichen Palastanlage der islamischen Welt. 1492 bereiteten die Katholischen Könige der letzten islamischen Enklave auf spanischem Boden ein Ende.

Neben der wunderbar gelegenen Alhambra zieht der benachbarte Hügel Albaicín den Besucher sofort in seinen Bann. Einst das Viertel der Handwerker, ist er heute mit geraniengeschmückten *carmenes*, Landhäuschen, übersät und gehört zu den guten Wohnadressen der Stadt. Im Labyrinth aus Gassen und Plätzen kann man sich sich leicht (und gern) verlieren. Der Darro, der im Tal zwischen Alhambra und Albaicín sprudelt, dient als Orientierung.

Im Löwenhof der Alhambra

Ebenfalls obligatorisch für Besucher ist die Kathedrale aus dem 16. Jh. mit der Capilla Real, in der bedeutsame Kunstschätze aus dem Besitz der Katholischen Könige zu bestaunen sind. Die Alcaicería schließt sich an, der frühere arabische Seidenmarkt.

Ebenso sind die vielen Plätze und *paseos* in der Innenstadt Streifzüge wert, so die Plaza Bib-Rambla, die Plazas Nueva und Santa Ana, die Plazas del Carmen und Mariana Pineda und der Paseo de la Bomba am Darro entlang. Hier kann man in Straßencafés wunderbar entspannen.

Verkehrsmittel

- Der **Flughafen** liegt an der N 342, 13 km westlich von Granada (Iberia und Ryanair); Bus-Shuttle in die Stadt.
- Den **Bahnhof** finden Sie an der Avda. de los Andaluces s/n.
- Das **städtische Busnetz** ist gut ausgebaut. An der Plaza Nueva liegen die Haltestellen für die Alhambra und den Albaicín (alle 10 Min.). Auch zum etwas entlegenen Busbahnhof (Ctra. de Jaén, Tel. 958 18 54 80) gibt es Verbindungen, ebenso zum Kartäuserkloster (Gran Vía). Einige der Linien in die Alpujarras halten am Palacio de Congresos.

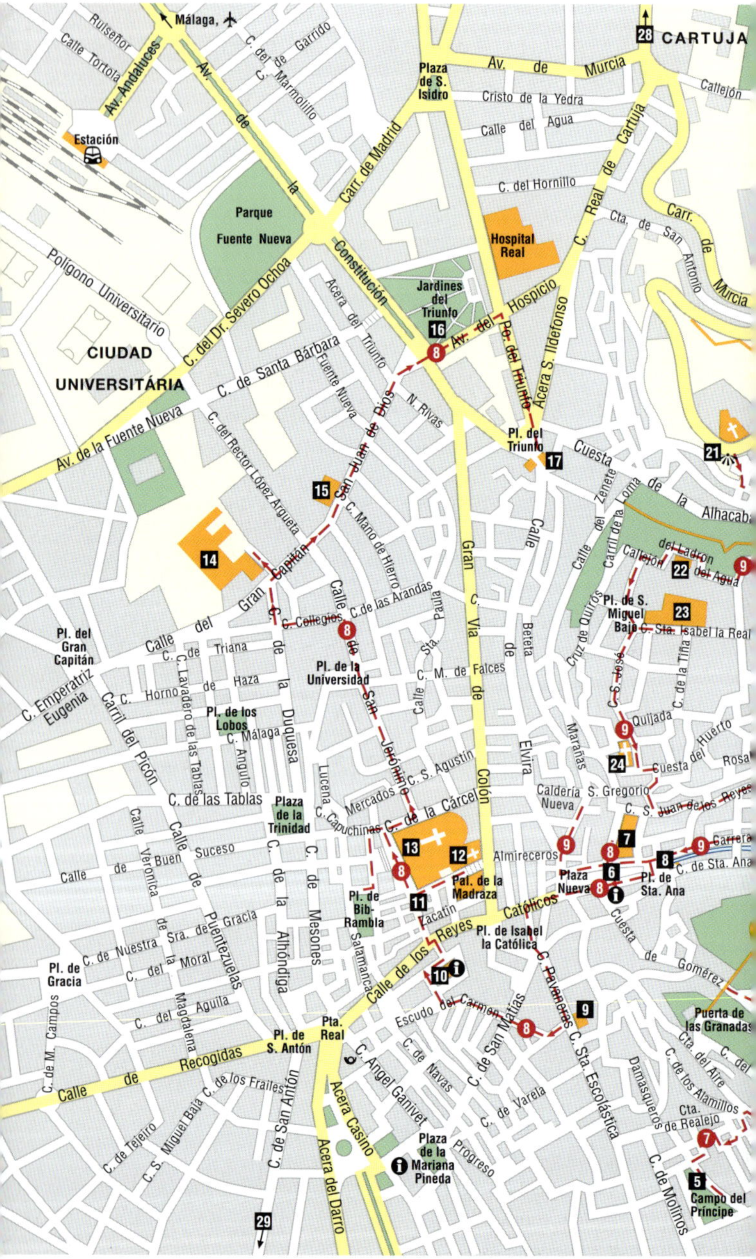
Málaga
Ruiseñor
Calle Tortola
Av. Andaluces
Estación
C. del de Garrido
C. Marmolillo
Av. de la Constitución
Carr. de Madrid
Plaza de S. Isidro
Av. de Murcia
28
CARTUJA
Callejón
Cristo de la Yedra
Calle del Agua
C. del Hornillo
C. Real de Cartuja
Carr. de Murcia
Cta. de San Antonio
Parque Fuente Nueva
Hospital Real
Polígono Universitario
C. del Dr. Severo Ochoa
Acera del Triunfo
Jardines del Triunfo
16
Av. del Hospicio
Pº. del Triunfo
Acera S. Ildefonso
8
CIUDAD UNIVERSITÁRIA
C. de Santa Bárbara
Fuente Nueva
N. Rivas
Av. de la Fuente Nueva
C. del Rector López Argueta
San Juan de Dios
Pl. del Triunfo
17
Cuesta de la Alhacaba
21
15
C. Mano de Hierro
Calle del Zenete
Carril de la Loma
14
Calle del Gran Capitán
Calle Beteta
Callejón del Ladrón del Agua
22
9
Gran Vía de Colón
C. Colegios
C. de las Arandas
Calle de San Jerónimo
Paula
Cruz de Quirós
Pl. de S. Miguel Bajo
23
C. Sta. Isabel la Real
Pl. del Gran Capitán
C. de Triana
C. de la Duquesa
Pl. de la Universidad
Calle Sta.
C. M. de Falces
C. Emperatriz Eugenia
Carril del Picón
C. Horno de Haza
C. Lavadero de las Tablas
Pl. de los Lobos
C. Málaga
Angulo
C. S. José
C. de la Tiña
Quijada
Elvira
Marañas
24
Cuesta del Huerto
Rosa
Lucena
C. S. Agustín
C. de las Tablas
Plaza de la Trinidad
Mercados
C. Capuchinas
C. de la Cárcel
Caldería Nueva
S. Gregorio
C. S. Juan de los Reyes
Calle Verónica
Calle de Buen Suceso
C. de la Alhóndiga
C. de Mesones
13
12
Almireceros
7
Carrera
C. de Sta. Ana
Calle de Puentezuelas
8
Pal. de la Madraza
Plaza Nueva
6
Pl. de Sta. Ana
Pl. de Bib-Rambla
11
Zacatín
Católicos
Cuesta de Gomérez
C. de Nuestra Sra. de Gracia
C. del Moral
Pl. de Isabel la Católica
Pl. de Gracia
Salamanca
Calle de los Reyes
10
C. Pavaneras
C. del Aguila
Magdalena
Escudo del Carmen
C. de San Matías
9
Puerta de las Granadas
C. de M. Campos
Calle de Recogidas
Pl. de S. Antón
Pta. Real
C. Angel Ganivet
C. de Navas
C. Sta. Escolástica
Damasqueros
Cta. del Aire
C. de los Alamillos
C. de los Frailes
C. de Varela
Cta. de Realejo
C. de Tejeiro
C. S. Miguel Baja
C. de San Antón
Acera Casino
Acera del Darro
Progreso
Plaza de la Mariana Pineda
7
5
Campo del Príncipe
C. de Molinos
29

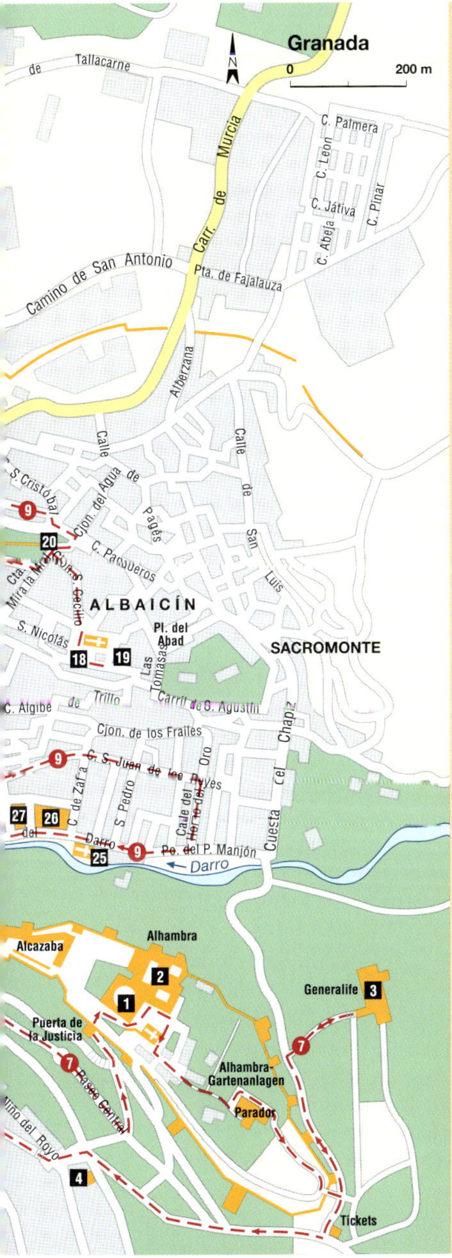

– 7 –

Durch die Alhambra

1 Palast Karls V.
2 Nasriden-Palast
3 Generalife
4 Museo Manuel de Falla
5 Campo del Príncipe

– 8 –

Durch die Altstadt

6 Plaza Nueva
7 Palacio de la Audiencia
8 Kirche Santa Ana
9 Casa de los Tiros
10 Corral del Carbón
11 Alcaicería
12 Capilla Real
13 Kathedrale
14 Monasterio San Jerónimo
15 Hospital San Juan de Dios
16 Jardines del Triunfo
17 Puerta Elvira

– 9 –

Durch den Albaicín

18 Mirador San Nicolás
19 Moscheegärten
20 Puerta Nueva
21 Mirador San Cristóbal
22 Dar al-Horra
23 Kloster Santa Isabel la Real
24 Kirche San José
25 Kirche San Pedro
26 Casa de Castril
27 Bañuelos Árabes
28 Kartäuserkloster
29 Parque de las Ciencias

Wichtige Adressen

Die **Información Turística** liegt zentral an der Plaza Mariana Pineda 10, Tel. 958 24 71 28. Filialen: Calle Santa Ana 4, Tel. 958 57 52 02 und im Busbahnhof. www.granadatur.com (Stadt), www.turgranada.es (Provinz), www.granadainfo.com

Unterwegs in Granada

Durch die Alhambra

– 7 – ***Alhambra › **Generalife › Campo del Príncipe

Dauer: Für die Alhambra und die maurischen Gärten Generalife mindestens einen halben Tag einkalkulieren. Der Spaziergang über den Antequeruela-Hügel hinab zum Campo del Príncipe dauert eine halbe Stunde.

Praktische Hinweise: Mit dem Pkw über die Stadtautobahn Richtung Sierra Nevada, dann Ausschilderung »Alhambra« folgen. Mit dem Bus ab Plaza Nueva 5 Min. Aber auch ein Spaziergang die Cuesta de Gomérez hinauf ist schön, weil sich die Cuesta später in eine schattige Allee wandelt. Die Besuchszeiten des Nasriden-Palasts werden bei Eintritt festgelegt und müssen eingehalten werden. Am Ende der Tour stärkt man sich in den Tapas-Bars am Campo del Príncipe.

4 ***Alhambra

Das Selbstverständnis der islamischen Herrscher war vom Bewusstsein der Vergänglichkeit geprägt. Ihre Paläste waren Wohnsitze für die Gegenwart, luxuriös ausgestattet, aber aus wenig dauerhaftem Material gebaut. Auf besondere Fassadengestaltung wurde verzichtet. In der Alhambra gruppieren sich mit Wasserspielen versehene Innenhöfe aneinander, die man über verwinkelte Gänge betritt. Der überreiche Dekor und der verschwenderische Umgang mit Wasser veranschaulichen den Reichtum der Bewohner.

Den Namen *kalat al-Hamra*, rote Festung, bekam die Palaststadt vermutlich wegen ihrer rötlichen Umfassungsmauern. Auf halbem Weg passiert man die Puerta de las Granadas, an der das Symbol der Stadt (drei geöffnete Granatäpfel), das Wappen Karls V. sowie allegorische Figuren des Friedens und des Wohlstands prangen. Südlich vom Tor befinden sich die Torres Bermejas aus dem 11./12. Jh., ein Vorwerk der Wehranlagen der Alhambra.

Karte S. 68/71

Am turmbewehrten Mauerring entlang erreicht man das moderne Eingangsgebäude. Der einstige Hauptzugang ist die mächtige Puerta de la Justicia, das Tor der Gerechtigkeit. Über dem äußeren Torbogen ist eine Hand dargestellt, deren Finger die fünf Säulen des Islam symbolisieren (öffentliches Glaubensbekenntnis, fünfmaliges Gebet am Tag, Fasten im Ramadan, Almosengeben und Pilgerfahrt nach Mekka). Über die Plaza de los Aljibes erreicht man die Festung, die Alcazaba, den ältesten Teil (13. Jh.) der Alhambra.

*Palast Karls V. 1

Im Jahr 1526 beauftragte Karl V. den Hofarchitekten Pedro Machuca mit dem Palastbau im Renaissancestil, dem ein Teil der Alhambra zum Opfer fiel. Die rechteckige Anlage mit rundem Innenhof wurde nicht vollendet. Heute ist im Obergeschoss das restaurierte **Museo de Bellas Artes** eingerichtet (Di–Sa 9–14.30 Uhr).

Im Erdgeschoss des Palastes Karls V. präsentiert das **Museo de la Alhambra** eine ausgezeichnete Sammlung zur islamischen Kultur Spaniens (Di–Sa 9–14.30 Uhr).

***Nasriden-Palast 2

Vorbei an den **Jardines de Machuca** geht es zum Palast – Nonplusultra jeder Granadavisite. Zwei Trakte blieben weitgehend erhalten: der Myrtenhof aus der Zeit Jusufs I. (1333–1354) und der unter Mohammed V. (1354 bis 1391) erbaute Löwenhof.

Zuerst betritt man den **Mexuar** a, einst Audienz- und Gerichtssaal der Nasriden-Fürsten, der

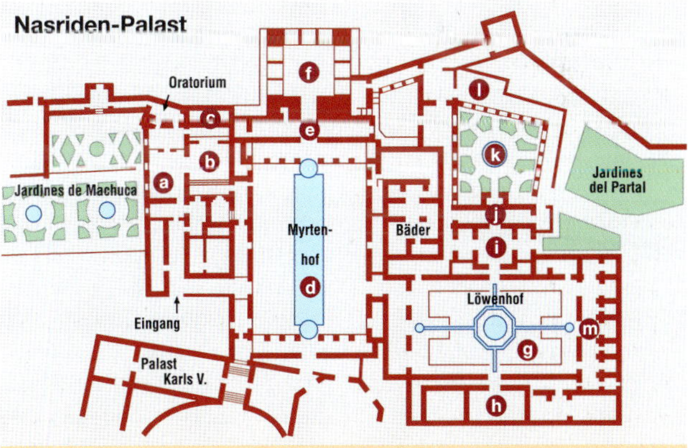

- a Mexuar
- b Patio del Mexuar
- c Cuarto Dorado
- d Myrtenhof
- e Sala de la Barca
- f Sala de Embajadores
- g Patio de los Leones
- h Sala de los Abencerrajes
- i Sala de las dos Hermanas
- j Mirador de Lindaraja
- k Jardín de Lindaraja
- l Habitaciones del Emperador
- m Sala de los Reyes

Säulengang im Patio de los Leones

nach der Rückeroberung zur Kapelle umfunktioniert wurde. Ihm schließt sich ein kleines Oratorium an. Der angrenzende **Patio del Mexuar** b führt zum Haupttrakt des Palastes. An seiner Nordseite befindet sich das Goldene Zimmer, **Cuarto Dorado** c, so benannt nach der mit Goldmustern verzierten Decke.

Der benachbarte ****Myrtenhof** d ist das architektonische Herzstück der Anlage; er bildete zur Zeit Jusufs I. das Zentrum des höfischen Lebens. Sein wichtigstes Gestaltungselement ist das von Myrtenhecken umgebene schmalrechteckige Wasserbecken.

An der Nordseite des Myrtenhofes steht die Torre de Comares, deren äußere Schlichtheit kaum die Pracht im Innern ahnen lässt. Man betritt den Turm durch das enge Vorzimmer **Sala de la Barca** e und kommt in die **Sala de Embajadores** f, den Thron- oder Botschaftersaal. Der hoch wirkende Prunksaal hat eine Zedernholzkuppel mit eingelegten Sternmustern aus über 8000 Einzelstücken, die die sieben Himmel des Islam darstellen. Über einem Sockel aus farbig glasierten Fliesen sind alle Wandflächen mit filigranen Stuckarabesken verziert. Der Thron des Nasriden-Königs stand in der Nische genau gegenüber dem Eingang.

Die umlaufenden Galerien des *****Patio de los Leones** g (Löwenhof), ein damals völlig neues Motiv in der islamischen Architektur, wurden durch christliche Vorbilder angeregt, wie z. B. die Kreuzgänge in den Klöstern. Im Mittelpunkt eines Wegkreuzes steht der von zwölf Löwen getragene Brunnen. In den Rand der Brunnenschale ist eine Inschrift eingemeißelt, die die architektonische Vollkommenheit der Alhambra ebenso preist wie die Macht des Herrschers.

An der Südseite des Löwenhofes befindet sich die ***Sala de los Abencerrajes** h mit sternförmiger Stalaktitenkuppel, die sich im Wasser einer maurischen Brunnenschale spiegelt. An der Nordseite betritt man die ähnlich gestaltete ****Sala de las dos Hermanas** i. Der Name – Saal der zwei Schwestern – spielt auf die beiden enormen Marmorplatten auf dem Fußboden an.

An den nördlich angrenzenden Querraum ist ein kleines Zimmer angefügt, der ***Mirador de Lindaraja** ⓙ, mit Blick auf den **Jardín de Lindaraja** ⓚ. Im Gewölbe sind Reste der originalen Verglasung erhalten. In den **Habitaciones del Emperador** ⓛ (Räume Karls V.) wurde eine Tafel zu Ehren des amerikanischen Schriftstellers Washington Irving angebracht, der die Räume 1829 einige Monate bewohnte, als die Alhambra noch in Ruinen lag. Erst seine Entdeckungen machten die Palastanlage erneut berühmt.

Der östlichen Schmalseite des Löwenhofs schließt sich die ***Sala de los Reyes** ⓜ an. Der von Stalaktitenkuppeln überwölbte Königssaal hat fünf Alkoven mit Deckengemälden auf Leder (14. Jh.). Man verlässt den Löwenhof zum Jardín de Lindaraja. Nach Durchquerung der für Karl V. errichteten Gemächer kommt man zu den maurischen Bädern. Der Rundgang endet bei den **Jardines del Partal.**

Buch-Tipp Die Wiederentdeckungsgeschichte der Alhambra erzählt Washington Irving in seinen **Erzählungen von der Alhambra** (TB, RoseNoire Verlag).

**Generalife 3

Wenn man den Nasriden-Palast (Ausgang rechts) verlässt, gelangt man an der Kirche Santa María de la Alhambra und am ehemaligen Franziskanerkloster vorbei (heute Parador) zum Generalife.

Hier war einst die Sommerresidenz der Sultane – eine Symphonie wunderschöner Gärten mit Wasserbecken und Springbrunnen. Sie erhielten ihre heutige Gestalt weitgehend im 19. Jh.

Alhambra-Besuch

Da die tägliche Besucherzahl der Alhambra beschränkt ist, empfiehlt es sich, mindestens eine Woche im Voraus über die Bank La Caixa Eintrittskarten zu besorgen (ger. Zusatzgebühr). Kartenvorbestellung aus Deutschland: Tel. (00 34) 934 92 37 50, in Spanien: Tel. 902 88 80 01, oder im Internet: www.alhambra-tickets.es. Natürlich gibt es auch an der Kasse der Alhambra ab 8 Uhr im Eingangsgebäude (Pabellón de Acceso) beim Parking del Generalife Eintrittskarten für den jeweiligen Tag, allerdings nur für Frühaufsteher. Die auf den Tickets ausgedruckte halbe Stunde bezeichnet die Einlasszeit in den Nasriden-Palast, an die man sich unbedingt halten muss, da die Tickets sonst verfallen (von der Kasse bis zum Palast geht man ca. 20 Min.). Alcazaba und Generalife sowie der Palast Karls V. sind ohne vorgegebene Einlasszeiten zugänglich (März–Okt. tgl. 8.30–20 Uhr, Nov.–Febr. bis 18 Uhr).

Sehr romantisch ist ein nächtlicher Besuch des Alhambra-Palastes, wenn die Räume angestrahlt werden und der Stuckdekor besonders plastisch hervortritt (März–Okt. Di–Sa 22–23.30 Uhr, Nov.–Febr. Fr, Sa 20–21.30 Uhr). Eintrittskarten können 21.45–22.45 Uhr bzw. 19.45–20.15 Uhr an der Kasse erworben werden, sollten aber besser vorbestellt werden.

Campo del Príncipe

Vom Generalife geht es hinunter ins Viertel Antequeruela. Musikliebhaber können das **Museo Manuel de Falla** **4** besuchen, einst Wohnhaus des großen spanischen Komponisten (C. Antequeruela Alta 11, Di–So 10–14 Uhr, Tel. 958 22 21 88).

Am **Campo del Príncipe** **5** **verlocken typische Tapas-Bars zur Einkehr.**

Echt gut!

Durch die Altstadt

– 8 – *Plaza Nueva › Casa de los Tiros › *Corral del Carbón › *Alcaicería › **Capilla Real › **Kathedrale › *Monasterio San Jerónimo › Puerta Elvira

Dauer: Mindestens ½ Tag
Praktische Hinweise: Auf öffentliche Verkehrsmittel sollte man weitestgehend verzichten. Traditionelle Tapas-Bars findet man in den umliegenden Passagen um den Corral de Carbón; Lokale gibt es auch auf der Plaza Bib-Rambla. Bei Zeitmangel kann man den Spaziergang hier enden lassen.

*Plaza Nueva 6

Der »neue Platz« ist einer der zentralen Punkte Granadas. Hier stehen der ***Palacio de la Audiencia** **7**, ein Justizgebäude aus dem 16 Jh., und die winzige Mudéjarkirche ***Santa Ana** **8** mit plateresken Westportal.

Casa de los Tiros 9

Über die Calle de los Reyos Católicos und die Calle de Pavaneras erreicht man die Casa de los Tiros. Die kleinen Figuren auf Konsolen an der Fassade stellen Herakles, Theseus, Jason, Hektor und Merkur dar. In dem Privatpalast aus dem 16. Jh. befindet sich das Museum zur Geschichte Granadas und zur Granadiner Volkskunst (Di 14.30–20, Mi–Sa 9–20, So, Fei 9–14 Uhr) mit der sehenswerten *cuadra dorada*, dem vergoldeten Zimmer.

*Corral del Carbón 10

Wieder stadteinwärts führt die Escudo del Carmen zum Corral del Carbón, der einzigen erhaltenen Karawanserei Spaniens (14. Jh.). Sie wird gerahmt von den typischen schmalen Passagen und Gassen des alten Granada. Durch ein Portal im Stil nasridischer Palastarchitektur betritt man den von Galerien umgebenen stimmungsvollen Innenhof. Der Name Kohlenhof rührt daher, dass der Bau im 16. Jh. Kohlehändlern als Quartier diente. Artespaña, ein Geschäft mit hochwertigem spanischem Kunsthandwerk, residiert in einem der Flügel.

*Alcaicería 11

Der einst maurische Seidenmarkt Alcaicería brannte 1843 ab. Die winzigen Gässchen und Passagen wurden rekonstruiert. Heute wandern Souvenirs, Schmuck, Postkarten und Keramik über die Ladentische. Vieles entspricht dem Massengeschmack, dennoch verströmen die Marktgassen noch ein wenig vom Charme eines orientalischen Souks.

**Capilla Real 12

An der Calle de los Oficios (Eingang durch die ehemalige Börse) liegt die Königliche Kapelle, die zwischen 1504 und 1521 als Mausoleum für die Katholischen Könige errichtet wurde. In der Vierung befinden sich zwei ***Marmorgrabmäler:** rechts das der Katholischen Könige (1517), links das Johannas der Wahnsinnigen, ihrer Tochter, und Philipps des Schönen (1520). Die geschnitzte Altarwand von Felipe Bigarny ist Johannes dem Täufer und Johannes dem Evangelisten gewidmet. In der Sakristei sind die Insignien der Katholischen Könige und eine bedeutende Sammlung flämischer Tafelbilder ausgestellt (Mo–Sa 10.30–13.30 und 16–20 Uhr, So, Fei 11–13.30 und 16–20 Uhr).

**Kathedrale 13

Dicht an der Capilla Real schuf Diego de Siloé ab 1528 als Siegesmonument des katholischen Spaniens die mächtige Renaissancekathedrale (Eingang über die Gran Vía). Das fünfschiffige Langhaus mündet in einen runden Altarraum mit Umgang. 1669 kam die Westfassade in Form eines Triumphbogens hinzu. Sie ist ein Werk des Granadiner Architekten, Malers und Bildhauers Alonso Cano. Von ihm stammt auch der Gemäldezyklus (Marienleben) im Altarraum. Eine seiner bedeutendsten Skulpturen,

Blick von der Alhambra auf Granadas Altstadt

eine María Immaculada, ist in der Sakristei aufgestellt (Mo–Sa 10.30–13.30 und 16–20 Uhr, So, Fei 16–20 Uhr).

Ein Rundgang um die Kathedrale führt vom Platz vor der Westfassade am erzbischöflichen Palast vorbei zu der mit Blumenkiosken und Straßencafés besetzten **Plaza Bib-Rambla**. Werden in Granada Feste gefeiert, z. B. zur Semana Santa oder zum Cruz de Mayo, verwandelt sich die Plaza in eine Bühne.

*Monasterio San Jerónimo 14

Auf der Calle de San Jerónimo geht man nordwärts über die Plaza de la Universidad bis zum Kloster San Jerónimo, einer königlichen Gründung von 1492. In der Klosterkirche befindet sich die Grabstätte des Feldherrn der Katholischen Könige, Don Gonzalo Fernández de Córdoba, genannt El Gran Capitán (gest. 1515), und seiner Frau.

Das Klostergebäude, dessen Fassade Diego de Siloé schuf,

schart sich um zwei Kreuzgänge aus dem 16. Jh. (Mo–Sa 10–13.30 und 16–19 Uhr, So 11–13.30 und 16–19 Uhr). Ganz in der Nähe liegt das barocke **Hospital San Juan de Dios** **15**.

Zur Puerta Elvira

Auf der Calle San Juan de Dios gelangt man über die Avenida de la Constitución zu den großzügig angelegten Gärten **Jardines del Triunfo** **16**. Stadteinwärts dann auf dem Paseo del Triunfo steht das maurische Stadttor **Puerta Elvira** **17** (11. Jh.). Durch dieses Tor ritten die Katholischen Könige, als sie 1492 die Stadt einnahmen.

Durch den **Albaicín

– 8 – *Mirador San Nicolás › Puerta Nueva › *Mirador San Cristóbal › Dar al-Horra › Calle del Horno del Oro › Bañuelos Árabes › Plaza Nueva

Dauer: 3 Std.
Praktische Hinweise: Diese Strecke ist etwas für Genießer, die sich ein wenig wie Entdecker fühlen wollen. Mit dem Bus fährt man hinauf von der Plaza Nueva, Haltestelle unterhalb des Mirador San Nicolás, zurück geht es zu Fuß – wegen des Gässchengewirrs am besten mit Stadtplan. Atmosphärische Tapas-Bars findet man an der Plaza Larga oder nach dem Abstieg auf den Terrassen entlang dem Darro.

Das malerische Viertel türmt sich mit Gässchen und Stiegen den Hügel gegenüber der Alhambra hinauf. Mit seinen *cármenes* (Landhäuser mit Gärten) steht es unter dem Schutz der UNESCO.

*Mirador San Nicolás 18

Von der Aussichtsterrasse (Mirador) bei der Kirche **San Nicolás** hat man einen **herrlichen Blick auf die Alhambra,** am schönsten bei Sonnenuntergang. Echt gut

Gleich nebenan hat sich die moslemische Bevölkerung Granadas eine Moschee geschaffen. Die **Moscheegärten** **19** kann man besichtigen, der Einlass liegt nördlich des Mirador.

Puerta Nueva 20

Etwas weiter bergauf erreicht man die Puerta Nueva, einst Teil der Festung der Ziriden (11. Jh.) und Eingangstor für Händler in die Stadt. Ein paar Schritte weiter öffnet sich die volkstümliche ***Plaza Larga,** ein guter Platz, um ein paar Tapas zu kosten.

Der Abstecher der alten Stadtmauer entlang zum ***Mirador San Cristóbal** **21** lohnt sich: Die Vega liegt einem zu Füßen. Echt gut

Dar al-Horra 22

Zurückgekehrt zur Plaza Larga, wendet man sich westlich und gelangt bald zum Nasridenpalast Dar al-Horra, von dem ein Hof mit Wasserbecken erhalten ist (Callejón de las Monjas, Mo–Fr 10–14 Uhr). Er liegt nahe dem Klarissenkloster **Santa Isabel la**

Blick vom Mirador San Nicolás auf Alhambra und Sierra Nevada

Real 23, das 1501 von Königin Isabella gegründet wurde.

Arabische Relikte

Weiter führt der Weg in Richtung Darro, entlang der Calle San José zur Kirche **San José** 24, deren Glockenturm einst ein Minarett war. Kurz darauf trifft man auf die Calle San Juan de los Reyes, der man ostwärts folgt. Malerische Gassen streben von ihr dem Darro zu. In der **Calle del Horno del Oro** steht eines der seltenen Moriskenhäuser (15. Jh.), in denen zwangsgetaufte Araber wohnten.

Am Darro

Die Uferstraße am Darro mit seinen alten Brücken vor dem steil ansteigenden Felsen der Alhambra vermittelt einen Eindruck vom alten Granada. Der Fluss wurde erst im 19. Jh. weitgehend überbaut. Schön gelegene Terrassencafés bieten sich zur Pause an.

Sacromonte

An den Albaicín grenzt der Sacromonte, das von Zigeunern bewohnte Höhlenviertel. Im ****Museo Cuevas del Sacromonte** wird ihre Lebenswelt präsentiert. In typischen Höhlenzimmern sind Wohnstuben, Ställe und Werkstätten nachgebaut (Barranco de los Negros, Tel. 958 21 51 20, www.sacromontegranada.com, Di–So 10–14, 17–21 Uhr). Das lobenswerte **Museo Etnológico de la Mujer Gitana** zeigt die Situation der Zigeunerinnen (Camino del Sacromonte 107, La Chumbera, Mo–Fr 10–13 Uhr). Einige Höhlen wurden zu Flamenco-Lokalen umfunktioniert, z.B. **Cuevas Los Tarantos** (Camino del Sacromonte 9, Tel. 958 22 45 25) und **Cueva de La Rocío** (Camino del Sacromonte 70, Tel. 958 22 71 29). Bei Buchung Abholdienst vom Hotel möglich.

Im Albaicín

Flussabwärts liegt die Kirche **San Pedro** 25 mit einer schönen Artesonadodecke und daneben der 1539 erbaute Renaissancepalast **Casa del Castril** 26. Die Ausstellung des archäologischen Museums dort umfasst Funde aus der Provinz Granada von der Vorgeschichte bis in maurische Zeit (derzeit wegen Umbau geschl.).

Wenige Schritte weiter flussabwärts kann man die **Bañuelos Árabes** 27 besuchen, ein gut erhaltenes arabisches Badehaus aus dem 11. Jh. Die Kapitelle im Hauptraum stammen aus römischer, westgotischer und omaijadischer Zeit (Di–Sa 10–14 Uhr).

Musikfestival

Ende Juni bis Anfang Juli findet in Granada das Festival Internacional de Música y Danza statt: Konzerte und Ballettaufführungen von internationalem Rang an Schauplätzen wie dem Generalife oder dem Kloster San Jerónimo (Tel. 958 22 18 44, www.granadafestival.org).

Ein passender Abschluss des Spaziergangs wäre ein **Tee in den marokkanischen Teestuben** der Caldería Nueva hinter dem Appellationsgericht an der Plaza Nueva. Abends gibt es hier arabische Menüs.

Echt gut

Hotels

Alhambra Palace
Plaza Arquitecto García de Paredes 1
Tel. 958 22 14 68
www.h-alhambrapalace.es
Luxuriöses Hotel im Stil eines maurischen Palastes, herrliche Aussicht. ●●●

Parador de Granada
Auf dem Alhambra-Gelände
Tel. 958 22 14 40][www.parador.es
Altes Kloster, erlesen restauriert. Mehrere Monate im Voraus reservieren! ●●●

Palacio de Santa Inés
Cuesta de Santa Inés 9
Tel. 958 22 23 62
www.palaciosantaines.com
Zum Hotel umgewidmetes Stadtpalais im Albaicín. ●●–●●●

Hotel Guadalupe
Paseo de la Sabica
Tel. 958 22 57 30
www.hotelguadalupe.es
Gegenüber der Alhambra; stilvoll eingerichtete Zimmer, gutes Restaurant und Cafébar. ●●–●●●

Echt gut

Restaurants

Carmen de San Miguel
Torres Bermejas 3][Tel. 958 22 67 23
Teuer, fein und klein. Hier kann man in Nouvelle Cuisine a la andaluza schwelgen. So abends geschl. ●●●

Sevilla
Oficios 12][Tel. 958 22 12 23
Traditionelle Gerichte neben der Capilla Real. ●●

Bar Kiki
Mirador San Nicolás 9
Tel. 958 27 67 15
Einfaches Lokal in bester Albaicín-Lage mit typischen Granadiner Tapas. ●●

Jardines de Zoraya
Panaderos 32][Tel. 958 29 35 03
Gartenlokal im Albaicín, andalusische Küche. ●

Tapas-Bars

Beliebt sind die Lokale am **Campo del Príncipe**, in den **Calles Navas** und **Elvira**. In den traditionsreichen **Antiguas Bodegas Castañeda** (**Elvira 15**) gibt es Wein vom Fass. Die **Taberna El Mentidero** (**Piedra Santa 15**) serviert ausgefallene, prämierte Tapas. Hot Spots zum Ausgehen sind **Plaza Nueva** und **Carrera del Darro** sowie die Lounges am **Paseo de la Bomba** längs des Darro.

cht gut!

Ausflüge ab Granada

Kartäuserkloster 28

Das Kloster liegt am Stadtrand in Richtung Murcia (Beschilderung »La Cartuja«) und ist mit dem Bus erreichbar. Es ging 1506 aus einer Stiftung des Gran Capitán hervor, des Feldherrn der Katholischen Könige Ferdinand und Isabella.

Die einschiffige Kirche und der Kreuzgang aus dem 17. Jh. haben schlichte Formen. Zeugnisse des Barock des frühen 18. Jhs. sind dagegen die mit Marmorverkleidung und Stuck ausgestattete Sakristei und die Allerheiligstenkapelle (Sagrario) mit üppigem Bilder- und Skulpturenschmuck (April–Okt. 10–13, 16–20 Uhr; Mai–Sept. 10–13, 15.30–18 Uhr).

Parque de las Ciencias 29

Ein lohnendes Spektakel für alle Sinne und spielerischer Wissenstest für jede Altersstufe ist das interaktive und didaktisch sehr gut aufgebaute Wissenschaftsmuseum mit mehreren Pavillons auf einem 70 000 m^2 großen Gelände am südlichen Stadtrand. Man erreicht es mit dem Auto auf der Schnellstraße Richtung Ronda, Ausfahrt 131, oder mit Stadtbussen der Linien 1 und 5 (› S. 21).

Auf den Spuren von Federico García Lorca

Das berühmteste Kind der Stadt Granada war der Dichter und Dramatiker Federico García Lorca (› S. 36). In Granada selbst ist das komplett erhaltene Sommerhaus der Familie in ein Kulturzentrum umgewandelt worden. Es liegt sehr schön in der Huerta de San Vicente, einem gepflegten großen Park, in dem die Granadiner gerne joggen. Zu erreichen mit der Buslinie 8 (Tel. 958 25 84 66; Di–So 10–12.30, 17–19.30 Uhr; Juli/Aug. 10–14.30 Uhr, mit Führungen). Ein Stück außerhalb Granadas, in der Vega, liegt Fuente Vaqueros, der Geburtsort von Lorca. Das elterliche Haus wurde ebenfalls in ein geschmackvolles Museum umgewandelt. Busse ab Avda. Andaluces (www.museogarcialorca.org, Di–So 10–13 Uhr, 16–18, im Sommer bis 19 Uhr).

Der Westen

Nicht verpassen!

- Am Bajo de Guía in Sanlúcar de Barrameda Krabben essen und einen Manzanilla dazu trinken
- Genüsslich Sherrys testen in den zahlreichen Bodegas in Jerez de la Frontera
- Strandspaziergänge bei Bolonia und Caños de Meca unternehmen, am schönsten bei Sonnenuntergang
- Wandern in der Sierra de Grazalema

 Karte Seite 84

Zur Orientierung

Verstreut im Dreieck zwischen Sanlúcar de Barrameda im Westen, Tarifa im Süden und Ronda im nördlichen Bergland liegen jene Ortschaften, die man nach dem lichten Weiß ihrer ineinander geschachtelten Häuserkuben *pueblos blancos,* Weiße Dörfer, getauft hat. Nuancen wechseln mit dem Licht des Tages – ein gelblicher Reflex in der Morgensonne, blendendes Weiß am Mittag, bei Sonnenuntergang ein bläulicher Schatten. Der größte dieser Orte, das hoch in der Serranía gelegene **Ronda,** hat fast städtischen Charakter, während Dörfer wie **Medina Sidonia** und **Zahara de la Sierra** teilweise ebenso winzig wie malerisch sind.

An der **Costa de la Luz,** der spanischen Atlantikküste, lebten die windigen Küstenorte wie **Bolonia** und **Zahara de los Atunes** früher vom Thunfischfang, heute werden sie von Gästen besucht, die ihre kilometerlangen Sandstrände schätzen. In dem maurisch anmutenden **Tarifa** und auch in **Conil de la Frontera** und **Bolonia** haben sich Windsurfer eingerichtet, das elegante **Cádiz** erlebt einen turbulenten Karneval, und die wahre Gitano- und Flamenco-Szene ist in **Jerez de la Frontera** zu Hause. Der Namenszusatz »de la Frontera«, den man in dieser Region häufig findet, bezeichnet den Grenzverlauf während der Reconquista, der Wiedereroberung der maurischen Gebiete durch die Katholiken.

Zwischen **Sanlúcar de Barrameda**, **Jerez** und **El Puerto de Santa María** erstreckte sich einst das Meer, heute ist der Boden ausgetrocknet und kalkhaltig. Auf ihm gedeihen die Sherry-Trauben Palomino fino und Pedro Ximénez. Römer und Griechen kannten ihn als Xeres, die Engländer wandelten den Namen Jerez in Sherry um. Nördlich an dieses Gebiet schließt sich der Nationalpark **Coto de Doñana** mit großartigen Dünenlandschaften an.

Touren in der Region

Durch die Weißen Dörfer

(10) Ronda › Setenil › Olvera › Zahara de la Sierra › Grazalema › Arcos de la Frontera › Medina Sidonia › Vejer de la Frontera

Dauer: 2–3 Tage, 200 km

Praktische Hinweise:
Auf den teilweise recht kurvigen Landstraßen dieser Tour ist man am besten mit dem eigenen oder Mietwagen unterwegs. Für die Spaziergänge bequeme Schuhe mitnehmen.

Das Weiße Dorf Olvera

Das spektakulär gelegene ****Ronda** › S. 85 ist auf jeden Fall einen Tag Aufenthalt wert und hat schöne Hotels zu bieten.

Am nächsten Morgen verlässt man die Stadt nordwärts und erreicht nach knapp 30 km ***Setenil de las Bodegas.** Der älteste Teil dieses Weißen Dorfes ist in die Felsüberhänge am Río Guadalporcun gebaut. Für die höhlenartigen Häuser musste deshalb lediglich eine Vorderfront errichtet werden. An vielen Stellen ragen die Felsen abenteuerlich weit in die schmalen Gassen hinein. Früher war nur diese Zeile der kleinen Ortschaft bewohnt, nach der Reconquista, die hier 1485 abgeschlossen wurde, kam die Pfarrkirche hinzu – und ein neuer Ort.

15 km weiter erhebt sich aus Olivenhainen und Weizenfeldern die prachtvolle Silhouette von ***Olvera**. Das Weiß seiner Häuser wird von einer stattlichen Kirche mit Doppelturmfassade und einer maurischen Festung überragt. Den Turm der Festung kann man besteigen, die Kirche entstand auf den Ruinen einer Moschee.

Korkeichenwälder begleiten die Strecke von Olvera zu einem der schönsten Weißen Dörfer, das von einer Burgruine bekrönte, winzige ***Zahara de la Sierra** unterhalb eines mächtig gezackten Kalksteinfelsens (arab. *zahara* = Blüte). Von dort geht es weiter über den Bergpass Puerto de las Palomas (1357 m) nach ***Grazalema** › S. 87. Die Aussicht von der Passhöhe ist atemberaubend. Da sich in der Sierra de Grazalema die Atlantikwinde abregnen, ist es hier kühler – und stets grün. Zwischen Zahara de la Sierra und Grazalema liegt der Eingang zum **Parque Natural de la Sierra de Grazalema.** Das 51 695 ha große Karstgebirge mit Höhlen und Schluchten wurde 1984 als erster andalusischer Naturpark ausgewiesen und ist bei Wanderern beliebt. Kork- und Steineichen sowie die endemische Igeltanne *(Abies pinsapo)* prägen die Vegetation. Auf den Weiden werden Kampfstiere für die Arenen gezüchtet.

Das hübsche Grazalema, zu Füßen eines mächtigen Felsblocks gelegen, ist bekannt für seine Webereien. Über Berge, später an Sonnenblumen- und Getreidefeldern entlang führt die Strecke weiter nach ****Arcos de la Frontera** › S. 88.

Schon von Weitem erblickt man die eigenwillige Kulisse des auf einem lang gestreckten Felsen hoch über dem Fluss Guadalete gelegenen Städtchens. Seine prächtigen Adelspaläste liefern ein hervorragendes Beispiel für eine maurische Stadtanlage. Wer es prunkvoll mag, übernachtet im Parador, der in einem dieser Paläste untergebracht ist.

***Medina Sidonia** hat ebenfalls einen maurischen Ursprung. Es erhebt sich auf der Anhöhe des Cerro del Castillo. Das Stadttor Arco de la Pastora aus dem 10. Jh. erinnert an das maurische Madinat Sadunia. Der bedeutendste Sakralbau der Stadt ist die Renaissancekirche Santa María la Mayor la Coronada. Unweit der Kirche

Karte Seite 84

liegen die Ruinen der Burg, die im 16. Jh. geschleift wurde. Von hier aus genießt man eine **herrliche Aussicht.**

cht gut!

Auf steilem Bergrücken hoch über dem Flüsschen Barbate, wo die Muslime 711 die Westgoten schlugen, befindet sich das mittelalterlich anmutende ***Vejer de la Frontera** › S. 89, in dessen Zentrum sich die Reste einer maurischen Burg erhalten haben.

5 Entlang der Costa de la Luz

(11) Tarifa › Bolonia › Zahara de los Atunes › Los Caños de Meca › Cabo de Trafalgar › Conil de la Frontera › Cádiz

Dauer:
2–3 Tage, 125 km

Praktische Hinweise:
Obwohl Busverbindungen auf dieser schönen Strandroute existieren, besonders zwischen Tarifa, Cádiz und Conil de la Frontera, hat man mit einem eigenen Wagen mehr von der Strecke. Übernachtungsmöglichkeiten in allen Kategorien findet man leicht, im Sommer ist frühzeitige Reservierung ratsam. Neben den Sandstränden sind auch die Städte ein Hingucker.

Auf den ersten Blick mutet ***Tarifa** › S. 89 mit seinen engen Gassen fast afrikanisch an. Die Altstadt wird durch Reste einer in der Maurenzeit erbauten Stadtmauer geschützt. Tarifa hat aber auch ein modernes, pulsierendes Gesicht: Es ist Ziel der Windsurfer, die an der Playa Punta Paloma ihr Können zeigen.

Bei Tarifa beginnt die **Costa de la Luz** (Küste des Lichts), die sich 200 km bis zur portugiesischen Grenze erstreckt. Entlang der nur selten zugebauten und bei spanischen Urlaubern hoch im Kurs stehenden Atlantikküste liegen Fischerdörfer, Campingplätze und kleinere Hotelanlagen.

Römischen Ursprungs ist ***Bolonia** (Baelo Claudia) › S. 91. Erhalten haben sich ein Tempel, ein Theater und eine Badeanlage. Jenseits der mächtigen Sanddünen und in den römischen Ruinen sollen früher viele *calé* gelebt haben, darunter einige, die später als Sänger und Tänzer zu großem Ruhm kamen. Der Strand ist himmlisch.

Den Thunfisch trägt **Zahara de los Atunes** in seinem Namen. Die gesamte Einwohnerschaft war früher traditionell in den Fischfang eingespannt. Jetzt verdient man das Geld im Tourismus. Der Ort hat eine Festung aus dem 16. Jh., welche die Herzöge von Medina Sidonia anlegten, und lange goldgelbe Sandstrände – auch in seiner Umgebung.

Besonders jüngeres Publikum zieht ***Los Caños de Meca** an; ehemaliger Lieblingsort spanischer Hippies, die sich hier ihre Häuschen bauten und Kunsthandwerksläden eröffneten. Der **Cabo de Trafalgar** liegt nur 2 km entfernt und lohnt als Spaziergang. Er war 1805 Schauplatz der Niederlage der spanisch-französischen Armada gegen die englische Flotte unter Lord Nelson. Die felsige Bucht wird von einem 1860 gebauten Leuchtturm bewacht, und die Sicht aufs Meer ist umwerfend: an klaren Tagen sieht man bis nach ***Conil de la Frontera** › S. 91.

In Conil mit seiner winzigen, hübschen Altstadt hat sich der Tourismus gut entwickelt. Strände, Meeresfrüchte-Restaurants *(marisquerias)*, Windsurfmöglichkeiten, Bars, Campingplätze, Pensionen und Hotels sowie gute Sprachschulen – das sind Trümpfe, mit denen Conil besonders bei jungen Deutschen punktet. Die Strände sind kindertauglich.

Einen Strand hat ****Cádiz** › S. 93 auch. Aber interessanter ist sicher die lange Siedlungsgeschichte, die sich im Stadtbild zeigt, eine Mischung aus Barock, Eleganz und Fischerviertel, mit Tapas-Bars, Plätzen und Museen.

Durch die Weißen Dörfer (10) Ronda › Setenil › Olvera › Zahara de la Sierra › Grazalema › Arcos de la Frontera › Medina Sidonia › Vejer de la Frontera

Entlang der Costa de la Luz (11) Tarifa › Bolonia › Zahara de los Atunes › Los Caños de Meca › Cabo de Trafalgar › Conil de la Frontera › Cádiz

Verkehrsmittel

■ Das **Busverkehrsnetz** ist engmaschig geknüpft: Viele Verbindungen bestehen zwischen Jerez de la Frontera, Sanlúcar de Barrameda, Cádiz, Conil de la Frontera und nach Sevilla. In den Sierras ist die Frequenz geringer.

■ Für Reisende, die per **Flugzeug** kommen, ist Jerez de la Frontera Zielflughafen (www.aena.es). Er wird u. a. von Lufthansa und Iberia sowie von Charterlinien wie Ryanair, Air Berlin und Condor angeflogen. Am Flughafen befindet sich auch ein Mietwagenschalter.

Unterwegs im Westen

6 **Ronda 1

Die Stadt (37 000 Einw.) liegt spektakulär in 755 m Höhe auf einem Felsenplateau, das durch die enge, über 100 m tiefe Schlucht *(Tajo)* des Guadalevín gespalten ist. Den Südteil nimmt die *Ciudad* ein, die von den Arabern gegründete Altstadt. Nördlich der Schlucht bildete sich im 16. Jh. die *El Mercadillo* genannte Neustadt. Der 98 m hohe Puente Nuevo (1784–1793), der beide Stadtteile verbindet, stellt Rondas Hauptattraktion dar. Zwei niedrigere ältere Brücken überspannen den Tajo an flacheren Stellen: der Puente Romano und der Puente Arabe.

**Altstadt

Der Puente Nuevo geleitet in die Altstadt. Über die Calle Tenorio kommt man zur Plaza del Campillo (schöne Aussicht auf die Talebene). Eine Seitengasse führt zum **Palacio Mondragón,** ehemals Residenz der Katholischen Könige, heute volkskundliches Museum (Mo–Fr 10–13.45 und 15–18 Uhr, Sa, So 10–15 Uhr), und zur **Plaza de la Duquesa de Parcent** mit den spärlichen Resten der **Alcazaba.** An der Nordseite des Platzes wurde auf den Fundamenten der Moschee die Kirche **Santa María la Mayor** errichtet. Im Vestibül ist die Gebetsnische der Moschee erhalten. Die Ausstattung ist vorwiegend barock (tgl. 10–19 Uhr).

Stadt am Abgrund: Ronda

Auf der Calle Armiñán geht es wieder Richtung Puente Nuevo. Noch in der Nähe der Kathedrale liegt das **Museo Bandolero,** ein kurioses Räubermuseum mit vier Sälen zur Geschichte und Bedeutung der Banden, zusammen mit Porträts der legendären Anführer (C. Armiñan 65, Tel. 952 87 77 85, tgl. 10.30–19/20.30 Uhr).

Echt gut!

Rechter Hand steht die **Torre de San Sebastián,** einst Minarett einer Moschee. Kurz vor der Brücke zweigt rechts die steile Straße Santo Domingo ab, linker Hand thront die **Casa del Rey Moro,** eine Adelsresidenz aus dem 18. Jh. Vom Garten aus steigt ein in maurischer Zeit in den Felsen gehauener Treppengang *(La Mina)* mit über 300 Stufen in die Schlucht hinab. Er sollte bei einer Belagerung die Wasserversorgung sicherstellen (tgl. 10–19 Uhr, im Sommer bis 20 Uhr). Vorbei am **Palacio de Salvatierra** (18. Jh.) erreicht man den Puente Arabe, der im 17. Jh. erneuert wurde.

Stierkampf pur

Ronda gilt als Geburtsstadt des modernen Stierkampfes; hier wurden im 18. Jh. von der Stierkämpferfamilie Romero die heute noch gültigen Regeln festgelegt. Hier steht auch die älteste runde **Stierkampfarena** (1785). Steinerne Säulen tragen die Überdachung der Zuschauerplätze. In den Nebenräumen ist ein gut bestücktes **Stierkampfmuseum** eingerichtet (tgl. 10 bis 18 Uhr, im Sommer bis 20 Uhr).

Echt gut!

*Neustadt

Im Tal liegen die **Baños Árabes,** ein arabisches Bad aus der Zeit um 1300. Mittels moderner Technik wird die Nutzung der einzelnen Räume demonstriert (Mo–Fr 10–18, Sa, So 10–15 Uhr).

Die arabische Brücke führt zurück in die Neustadt. Geht man zur **Plaza de España** über die Aussichtsterrassen am Tajo, hat man einen herrlichen Blick auf die Altstadt, die Schlucht und den kühnen Puente Nuevo (18. Jh.). Wichtigste Sehenswürdigkeit hier: die **Stierkampfarena** mit einer doppelgeschossigen Arkadengalerie, die einen Kampfplatz von 66 m Durchmesser umschließt.

Info

Información Turística
Paseo de Blas Infante
Tel. 952 18 17 19 und
Plaza de España][**Tel. 952 87 12 72**
www.turismoderonda.es (auch Dt.)

Verkehr

Busbahnhof an der Plaza García Redondo. Häufige Verbindungen nach Málaga, auch nach Grazalema u.a.

Hotels

■ **Reina Victoria**
Jerez 25][**Tel. 952 87 12 40**
www.hotelreinavictoria.es
Stilsichere Klassik, schöner Garten, traumhafte Aussicht. Zimmer Nr. 208 bewohnte Rainer Maria Rilke. ●●●

■ **Hotel Montelirio**
Tenorio 8][**Tel. 952 873855**
www.hotelmontelirio.com
Die Terrassen des wohnlich-plüschigen Hotels haben einen Superblick auf die

Die älteste erhaltene Stierkampfarena Spaniens steht in Ronda

Schlucht. Hübsche, geräumige Zimmer, gutes Restaurant **La Albacara**. ●●

■ **San Gabriel**
Marqúes de Moctezuma 19
Tel. 952 19 03 92
www.hotelsangabriel.com
»Altspanisch« eingerichtetes kleines Haus in einem umgebauten Palast. ●●

■ **Molino del Santo**
Barriada La Estación][Benaoján
Tel. 952 16 71 51
www.molinodelsanto.com
Eine ehemalige Wassermühle außerhalb von Ronda bildet die Basis dieser reizenden Unterkunft, die **genau die richtige Mischung zwischen lässig und gemütlich** aufweist. Mit Pool. ●●

Echt gut!

Restaurants

■ **Pedro Romero**
Virgen de la Paz 18
Tel. 952 87 11 10
Sehr gute regionale Küche. Spezialität: Rebhuhn mit weißen Bohnen. ●●

■ **Doña Pepa**
Plaza del Socorro][Tel. 952 87 84 77
Klassiker mit gepflegt-rustikalem Ambiente. ●●

■ **Tapas-Bars** konzentrieren sich u. a. in der **Calle Pedro Romero**.

Shopping

Um den **Puente Nuevo** liegen einige geschmackvolle Souvenir- und Antiquitätenläden.

*Grazalema 2

Nach Grazalema kommt man vor allem, um den nahe gelegenen **Parque Natural de Grazalema** zu besuchen – ein schönes Ziel für Wanderfreunde, in dem der spanische Tannenbaum *pinsapo* die Hauptattraktion ist. Für die Wanderungen muss man sich vorher bei der Parkverwaltung anmelden, im Sommer sind sie z. T. wegen Waldbrandgefahr nicht möglich. In Grazalema wurden früher die im ganzen Land bekannten *mantas de Grazalema* gewebt, dicke, sparsam gemusterte Decken und wärmende Stolen aus Ziegenwolle. In einigen Geschäften werden die Wollsachen noch geführt.

In den Gassen von Arcos de la Frontera

Hotels

■ **Casa de las Piedras**
Las Piedras 32][Tel. 956 13 20 14
www.casadelaspiedras.net (auch Dt.)
Gepflegtes kleines Hotel mit ordentlichen Zimmern. ●

■ **Villa Turística Grazalema**
El Olivar][Tel. 956 13 21 36
Fax 956 13 22 13
Echt gut! Das **kinderfreundliche Hotel** etwas außerhalb des Ortes profitiert von der attraktiven Lage, hat Garten und Pool und gemütlich eingerichtete Zimmer. ●

**Arcos de la Frontera 3

Arcos halten viele für das schönste Weiße Dorf. Nach der Rückeroberung der Stadt im Jahr 1264 entstanden prächtige Paläste und Herrenhäuser, zu denen u. a. der Palast der Grafen von Águila mit seinem Mudéjarportal gehört. Die Stirnseite des Hauptplatzes, Plaza del Cabildo, begrenzt die Kirche **Santa María de la Asunción** mit platereskem Hauptportal; der mit Keramikdekor versehene Turm (18. Jh.) stammt aus der letzten Bauetappe. Dem Parador gegenüber sieht man die Zinnen der Burg der Grafen von Arcos. Der **Mirador** bietet einen weiten Blick über das Tal. Durch die Gassen geht man weiter zur spätgotischen Pfarrkirche **San Pedro** und bis zu den Aussichtsterrassen an der Spitze des Felsvorsprungs.

Info

Oficina Municipal de Turismo
Cuesta de Belén 5][Tel. 956 70 22 26
www.ayuntamientoarcos.org

Verkehr

Busbahnhof in der Calle Corregidor: nach Cádiz, Jerez, Málaga und Ronda.

Hotels

■ **Parador Marqués de Torresoto**
Plaza del Cabildo s/n
Tel. 956 70 05 00][www.parador.es

Paradebeispiel für einen historischen Parador, untergebracht in der Casa del Corregidor aus dem 17. Jh., direkt am Guadalete gelegen. Geräumige, elegante Zimmer, gute Küche. ●●●

■ Hotel El Convento

Maldonado 2

Tel. 956 70 23 33

www.hotelelconvento.es

Mitten im historischen Stadtkern liegt dieses hübsche kleine Haus; supergepflegte Zimmer mit Balkon. ●●

*Vejer de la Frontera 4

Über einen 200 m hohen Hügel gebreitet und entsprechend steil und verwinkelt präsentiert sich das Weiße Dorf. Für größere Plätze gibt es innen keinen Raum, aber auf der Plazuela schlägt das Herz von Vejer. Entlang der Stadtmauer beim Paseo de Cobijadas erstreckte sich im Mittelalter das Judenviertel, eines der am besten erhaltenen in Andalusien. Die Pfarrkirche El Salvador weist Elemente des Mudéjarstils auf.

Hotel/Restaurant

Convento San Francisco

Plazuela

Tel. 956 45 10 01

www.tugasa.com

Echt gut!

In einem ehemaligen Kloster eingerichtetes Hotel, Speisesaal mit originalen Fresken. Die Küche ist ebenso erlesen wie die Weinkarte, weswegen sich auch ein Abstecher wegen eines Mittag- oder Abendessens von der nahe gelegenen Küste hinauf nach Vejer lohnt. ●●

*Tarifa 5

Die Stadt an der Südspitze Spaniens wurde nach dem berberischen Truppenführer Tarif ibn Malluk benannt, der hier 710 mit einem Spähtrupp gelandet war. Der maurische Alcázar (10.–13. Jh.) erhebt sich zinnenreich über dem Ort mit seiner enggassigen Altstadt. Interessantester Teil ist der achteckige Turm **Torre de Guzmán el Bueno**. Neben dem Alcázar liegt die Plaza de Santa María, die zum **Mirador** (Aussichtsplattform) von Tarifa führt. Jenseits des Meeres **erkennt man die gezackte Silhouette des marokkanischen Rif-Gebirges.**

Echt gut!

Am Stadtrand von Tarifa liegt der südlichste Punkt des europäischen Festlandes: die kleine Halbinsel ***Punta Marroquí**. An dieser Stelle misst die Straße von Gibraltar ganze 13,4 km.

Noch etwas weiter ins Meer hinein ragt die vorgelagerte Insel **Isla de las Palomas** mit einer Festung aus dem 18. Jh. An den Damm, der sie mit dem Festland verbindet, schlagen auf der einen Seite die Wellen des Mittelmeers, auf der anderen breitet sich der Atlantik aus.

Info

Información Turística

Paseo La Alameda, Tel. 956 68 09 93

www.tarifa.info][www.tarifa.de

Hotels

In Tarifa selbst gibt es keine größeren Hotels, dafür aber an der Küstenstraße Richtung Cádiz.

Gibraltar

Ein aus dem Urkontinent Gondwana abgesprengtes Teilchen, das sich über Zehntausende von Jahren nicht recht entschließen konnte, ob es am afrikanischen oder am europäischen Kontinent andocken sollte, bildet den Brückenkopf zu Afrika. So zumindest erfährt man es im Museum von Gibraltar.

Von Afrika ist der Felsen nur durch eine 24 km breite Meeresstraße getrennt. Afrikanischer Einfluss ist spürbar und trägt dazu bei, dass Gibraltar, seit 1704 eine britische Enklave in Spanien, als Schmelztiegel der Kulturen erscheint. Verschiedene Befestigungsanlagen stammen aus dem 18. Jh.

Heute lockt Gibraltar vor allem mit seinen Duty-Free-Geschäften die Gäste an, dabei hat es wesentlich mehr zu bieten. Sobald man sich ein wenig abseits des Verkaufsrummels auf der quirligen Main Street bewegt, klettern schmale Gassen, durch Treppenaufgänge verbunden, den Felsen – the Gib – empor, eine Mischung aus Kolonialarchitektur und Bohemienstimmung. Viele Afrikaner leben hier, die Geschäfte duften nach Minze und exotischen Kräutern. Im ***Gibraltar Museum** (Mo–Fr 10–18 Uhr, Sa 10–14 Uhr) an der Bomb House Lane erfährt man alles über die Geschichte von Gibraltar, und die **Governor's Residence** an der Main Street geht auf ein ehemaliges Franziskanerkloster von 1531 zurück. Eine Gondelfahrt hinauf auf die **Upper Rocks**, die unter Naturschutz stehen, sollte sich kein Besucher entgehen lassen. Dabei besucht man auch **St. Michael's Cave** (tgl. 9.30–19.30 Uhr) und den **Affenfelsen**.

■ **Dos Mares**
Ctra. N 340, km 79,5
Tel. 956 68 40 35
www.dosmareshotel.com
Sommerlich, mit beliebtem Strandrestaurant und Swimmingpool, Tennisplatz, Surf- und Reitferien. ●●–●●●

■ **Punta Sur**
Ctra. N 340, km 76
Tel. 956 68 43 26
www.hotelpuntasur.com
Garten, Pool, Tennisplätze. ●●–●●●

■ **La Casa de la Favorita**
Plaza San Hiscio][Tel. 690 18 02 53
www.lacasadelafavorita.com
Restauriertes historisches Gebäude in der Fußgängerzone von Tarifa; helle, luftige Zimmer. Keine Mahlzeiten. ●●

■ **Alameda**
Paseo Alameda 4][Tel. 956 68 11 81
www.hostalalameda.com
Kleines gepflegtes Gasthaus im Ortskern von Tarifa. ●–●●

Restaurants

■ **El Picoteo**
Mariano Vinuesa][Tel. 956 68 11 28
Im Restaurant unweit des Fischereihafens von Tarifa werden **feine Tapas und Fischgerichte** wie die regionale Spezialität *urta a la roteña* (Brassen-Kasserolle) serviert. So geschl. ●–●●

Echt gut!

■ **An ca Curro**
Moreno de la Mora
Tel. 654 85 80 12
Mischung aus beliebter Tapas-Bar und Restaurant mit viel Stierkampf-Deko. Klassische andalusische Küche. ●

*Bolonia 6

In dem netten Ort wachsen die wenigen Hotels nicht in den Himmel. Der kilometerlange Sandstrand ist im Sommer mit palmgedeckten Imbissbars bestückt, gute Bedingungen für Windsurfer und Schwimmer – hier kann man es sich gut gehen lassen. Sehenswert sind die **Ausgrabungen aus römischer Zeit,** u. a. einer Fischsalzfabrik aus dem 1. Jh. direkt am Atlantikstrand. Unbedingt einen Abstecher wert! (Di–Sa 10 bis 18/20, So 10–14 Uhr)

Echt gut!

Hotel

El Jerezano
Lentiscal 5][Tel. 956 68 85 92
www.hostallosjerezanos.es
Das älteste Haus am Strand gehört einem ehemaligen Thunfischfänger. Einfache Zimmer, gutes Restaurant. Geöffnet Ostern–Okt. ●

*Conil de la Frontera 7

Seine Mischung aus Ferienort und andalusischem Dorfalltag verleiht Conil einen besonderen Charme. Nach der Wiedereroberung durch die katholischen Heere bekam das

Römische Ruinen in Bolonia

historische Conil 1295 eine Hafenfestung. Die Altstadt betritt man durch die **Puerta de la Villa**, um bald die **Plaza España** zu erreichen, den Nabel Conils, wo ein Denkmal des Literatur-Nobelpreisträgers José Saramago steht. In den weißen Gassen (z.B. Calle Cádiz) liegen Bars, Restaurants und kleine Hotels, die größeren finden sich am 14 km langen Sandstrand.

Echt gut! Die schönsten Strände

- Lang, weichsandig und dottergelb ist **La Playa de Bolonia**. Auch Windsurfer mögen ihn. › S. 91
- Man mag ihn fast ein bisschen zu weit und breit finden, den Strand von **Conil de la Frontera**; für Kinder ist er gut geeignet. › S. 91
- Eine kühle Strömung sorgt dafür, dass die Wassertemperaturen der malerischen **Playa de los Genoveses** bei **San José** auch im Hochsommer schön angenehm bleiben. › S. 108
- Wer gerne abseits vom Trubel schwimmen geht, die Gegenwart einer Burgruine und lange Spaziergänge am Sandstrand schätzt, ist an der **Playa El Playazo** bei **Rodalquilar** richtig. › S. 109
- Wer hingegen den Trubel liebt, wird die **Playa La Carihuela** mögen, praktisch die Verlängerung von **Torremolinos**. Hier reiht sich ein Fischrestaurant an das nächste. Auch **Marbella** › S. 116 ist in dieser Hinsicht top.
- Die Strände von **Nerja** › S. 111 im Doppelpack: Die **Playa Burriana**, lang und breit, erreicht man zu Fuß in ca. 20 Min. Gleich vom Balcón de Europa hinunter geht's zur **Playa El Salón** in einer kleinen Bucht.

Info

Información Turística
Calle Carretera 1][Tel. 956 44 05 01
www.turismo.conil.org (auch Dt.)

Hotels

Fuerte Conil
Playa de la Fontanilla
Tel. 956 44 33 44
www.fuertehoteles.com
Zehn Gehminuten vom Ort entfernt am Strand gelegen. Trotz seiner Größe ein angenehmes Hotel mit Pool. ●●–●●●

Hotel Almendraba
Señores Curas 4][Tel. 956 45 60 37
Klassisches Patio-Haus mit geräumigen Standardzimmern, im spanischen Stil möbliert. ●●

Hotel Oasis
Avda. de la Playa
Tel./Fax 956 44 21 59
Kleines Strandhotel in Conil, 32 Zimmer auf zwei Etagen. ●–●●

Restaurants

Auf der **Plaza Santa Catalina** und in der **Calle Cádiz** trifft man sich zu Tapas und Drinks. Guten Fisch gibt's in den Strandrestaurants **Francisco La Fontanilla** und **Marinero** (Mi geschl.) in der **Urbanisación Fuente de Gallo.**

Nightlife

Conil glänzt mit einem regen Nachtleben, besonders in den sommerlichen Ferienmonaten. Beliebte Bars sind rasch aufgestöbert, z.B. in den Straßen **Borrego** und **Cádiz**. Ein weiterer Dauerbrenner: **La Havana, Plaza Santa Catalina** – eine Mischung aus Café, Bar und Open-Air-Disko.

Karte S. 84/93

Aktivitäten

Atlantika ist eine der renommiertesten unter den alteingesessenen Sprachschulen: www.atlantika.net

**Cádiz 8

Das elegante Cádiz bezaubert: ein salziges Weiß überzieht die Häuser, barocke Kirchenpracht und Hafenviertel liegen hier ganz dicht beieinander.

Die Stadt zerfällt in zwei Hälften, die malerische Altstadt und die moderne Neustadt. Man betritt die Altstadt durch die **Puerta de Tierra** Ⓐ, die Teil der Befestigungsanlage aus dem 17./18. Jh. ist. Rechts führt nun die Straße zum Hauptplatz **Plaza San Juan de Dios** Ⓑ, linker Hand erreicht man die Küstenpromenade, auf der man zunächst auf die 1262 errichtete **Alte Kathedrale** Ⓒ stößt, heute Pfarrkirche Santa Cruz.

Unmittelbar daneben erhebt sich die **Neue Kathedrale** Ⓓ, die jüngste der andalusischen Kathedralen, deren Bau 1722 begonnen wurde. Schon von Weitem fällt die gelbe Vierungskuppel auf. Im Langhaus ist das wertvolle Chorgestühl von Agustín de Perea (17. Jh.) aufgestellt. Die Krypta birgt das Grab des in Cádiz geborenen Komponisten Manuel de Falla (1876–1946). Kostbarstes Objekt der Schatzkammer ist eine

Ⓐ Puerta de Tierra
Ⓑ Plaza San Juan de Dios
Ⓒ Alte Kathedrale
Ⓓ Neue Kathedrale
Ⓔ Parque de Genovés
Ⓕ Torre Tavira
Ⓖ Museo de Cádiz
Ⓗ Plaza de España
Ⓘ Oratorio de la Santa Cueva

Monstranz von Enrique de Arfe (15.6.–15.9. tgl. 10–20, sonst 10 bis 18 Uhr). Vom Turm der Kathedrale, der **Torre de Poniente,** hat man einen weiten Blick über die Stadt (15. Juni–15. Sept. 10 bis 20, sonst 10–18 Uhr).

Ein gutes Stück weiter an der Uferstraße erreicht man die alten Festungsanlagen und den **Parque de Genovés** **E**.

Der Weg führt nun Richtung Stadtmitte. An der Marqués de Real Tesoro ragt die **Torre Tavira** **F** empor, einer der typischen Aussichtstürme *(miradores)* der Kaufmannshäuser von Cádiz. Im Turm kann man sich von den optischen Effekten einer Camera Obscura faszinieren lassen (www.torretavira.com; tgl. 10–18, Mitte Juni–Mitte Sept. 10–20 Uhr).

Stadtgeschichte

Um 1000 v. Chr. gründeten die Phönizier an dieser Stelle die früheste Handelsniederlassung auf der Iberischen Halbinsel: Gadir. Nach der Eroberung Amerikas fungierte Cádiz als Ankunftshafen für die spanische Flotte. Nachdem man 1717 die Handelskammer, mit der das Handelsmonopol für die Neue Welt verbunden war, von Sevilla nach Cádiz verlegt hatte, besaß Cádiz bis zur Freigabe des Amerikahandels im Jahr 1778 den wichtigsten Hafen Spaniens. Hier proklamierte die Nationalversammlung 1812 die Verfassung von Cádiz, einen damals revolutionären Entwurf einer konstitutionellen Monarchie.

An der Plaza de Mina zeigt das Stadtmuseum **Museo de Cádiz** **G** archäologische Funde und eine exzellente Gemäldesammlung, u. a. mit Werken von Zurbarán und Murillo (Di 14.30–20, Mi–Sa 9–20, So 9.30–14.30 Uhr). An der nahen **Plaza de España** **H** erinnert das Cortes-Denkmal an die liberale Verfassung von 1812, die zur 200-Jahr-Feier 2012 ausführlich gewürdigt wird.

Zu den interessantesten Sakralbauten der Stadt gehört das **Oratorio de la Santa Cueva** **I** aus dem 18. Jh., für das Joseph Haydn im Jahr 1783 eine eigene Komposition schuf.

Info

Oficina de Turismo Junta de Andalucía
Avda. Ramón de Carranza s/n
Tel. 956 20 31 92
www.cadizturismo.com
www.guiadecadiz.com

Verkehr

Busbahnhof
Plaza de la Hispanidad 1
Tel. 956 80 70 59
Nach Madrid, Málaga, Ronda, Jerez de la Frontera, Medina Sidonia, Arcos de la Frontera.

Hotels

- **Parador Hotel Atlántico**
Duque de Nájera 9
Tel. 956 22 69 05][www.parador.es
Schön gelegen im Parque de Genovés, modern-eleganter Stil. ●●●
- **Hotel Las Cortes de Cadiz**
San Francisco 9][Tel. 956 22 04 89
www.hotellascortes.com

Hübsches Stadthotel mit Dachterrasse, freundlich eingerichtete Zimmer. ●●

Restaurants

■ **Mesón Cumbres Mayores**
Zorrilla 4][Tel. 956 21 32 70
Tapas-Bar und empfehlenswertes Restaurant. Spezialitäten sind iberischer Schinken und Fleisch. ●●

■ **El Faro**
San Félix 15][Tel. 956 21 10 68
Gediegen, traditionell gaditanisch-andalusisch und auf Meeresfrüchte spezialisiert. Besonders gut: *tortitas de camerones*, Krabbentortillas. ●

Shopping

Neben der **Calle Columela** ist die die **Calle San Francisco** die wichtigste Shoppingmelle.

Feste

Der **Karneval von Cádiz** ist einer der lustigsten und am hingebungsvollsten gefeierten im gesamten Süden.

*Jerez de la Frontera 9

Die mit 187 000 Einwohnern größte Stadt der Provinz Cádiz – sonnendurchflutet und mit fast ländlicher Atmosphäre – lebt von ihren weltberühmten Weinen. Die imposanten Bodegas der großen Sherry-Produzenten bestimmen das Stadtbild.

Alcázar

Die Stadt ist mit einigen Adelspalästen geschmückt, z. B. an der Alameda Cristina. Von der Plaza del Arenal erreicht man durch eine Passage die spätgotische Kirche **San Miguel** (begonnen 1430) mit prachtvoller barocker Turmfassade. Am höchsten Punkt der Stadt steht der ***Alcázar** aus der Zeit der Almohaden. Außer den Bädern blieb die von Gärten umgebene Palastmoschee mit oktogonaler Kuppel erhalten. Im **Palacio de Villavicencio** (18. Jh.), einst Residenz der Burgvögte, wird eine Camera Obscura vorgeführt (April bis Sept. tgl. 9.30–19 Uhr, Okt. bis März tgl. 9.30–17 Uhr).

Die Kathedrale von Cádiz

Kathedrale

Die **Catedral de San Salvador** wurde auf den Fundamenten der Freitagsmoschee errichtet. Der jetzige Bau mit der monumentalen Freitreppe stammt weitgehend aus dem 18. Jh. In nördlicher Richtung geht es zur Plaza de la Asunción, mit der Kirche **San Dionisio** (um 1430). Durch die Ladenpassage **Pescadería Vieja** erreicht man von dort wieder die Plaza del Arenal.

Karte
Seite 84

7 Die Bodegas von Jerez

Geschichte ist in Jerez eng mit dem Wein verknüpft. Bereits die Römer kelterten hier Trauben, die besondere Erde, *albariza*, sorgt für den unverwechselbaren Geschmack. Manche der hohen Hallen, in denen Fino, Oloroso, Amontillado und Pedro Ximénez reifen, sind so eindrucksvoll, dass man sie »Kathedralen des Weins« nennt. Nicht von ungefähr steht vor der richtigen Kathedrale das Denkmal von Manuel González, dem Gründer der gleichnamigen Sherry-Dynastie.

Die Firma Domecq Jerez ließ sich beim Bau ihrer Bodega La Mezquita von der Architektur der Moschee von Córdoba inspirieren; auf dem Gelände der Bodegas González Byass befinden sich eine Eisenkonstruktion, die nach Plänen von Gustave Eiffel errichtet wurde, und ein wunderbarer botanischer Garten. Bei Harveys Bristol hält man sich Kaimane, und es gibt ein Weinmuseum. Etwas Besonderes sind die Bodegas Tradición: Hier gibt es nur *very old rare sherry*, und als Dreingabe eine **umwerfende Gemäldegalerie** mit Bildern von Goya, Velázquez, Murillo, Zurbarán und Picasso.

Echt gut!

■ Fundador Pedro Domecq

San Ildefonso 3][Tel. 956 15 15 00
www.bodegasfundadorpedrodomecq.es

■ González Byass

C. Manuel González 12][Tel. 902 44 70 00][www.gonzalezbyass.com

■ Harveys Bristol

Pintor Muñoz Cebrian s/n][Tel. 956 15 15 00][www.bodegasharveys.es

■ Bodegas Tradición

Cordobeses 3][Tel. 956 16 86 28][www.bodegastradicion.com

Info

Información Turística
Plaza del Arenal, Edificio Los Arcos
Tel. 956 33 88 74
www.turismojerez.com

Verkehr

Bahnhof und **Busbahnhof** liegen beide an der Plaza de la Estación. Häufige Verbindungen nach Sevilla, Sanlúcar und Cádiz.

Hotels

- **Tryp Jerez**
Calle Marqués de Casa Domecq 13
Tel. 956 32 70 30
www.tryphotels.com
Sehr guter Service im zentral gelegenen modernen Hotel hinter historischer Fassade. ●●●

- **La Casa Grande**
Plaza Angustias 3
Tel. 956 34 50 70
www.casagrande.com.es
Denkmalgeschützter Stadtpalast der 1920er-Jahre mit Innenhof und Dachterrasse. Familiäres Haus mit hellen Zimmern. ●●

- **Nuevo Hotel**
Caballeros 3
Tel. 956 33 16 00
www.nuevohotel.com
Einfaches Hotel in einem restaurierten Haus aus dem 19. Jh. Hübsche, gepflegte Zimmer. ●

Restaurants

- **El Gallo Azul**
Calle Larga 2
Tel. 956 32 61 48
In einem attraktiven historischen Gebäude gibt's im Erdgeschoss eine gut besuchte Tapas-Bar mit Terrasse, im ersten Stock ein empfehlenswertes Restaurant mit preisgekrönter andalusischer Küche. ●●

- **Bar Juanito**
Pescadería Vieja 7–9
Tel. 956 33 48 23
Traditionsreiches Haus mit einer Fülle von Tapas-Varianten, berühmt für seine Artischocken. Mit Terrasse. ●

- Überall in Jerez findet man nette Sherry-Bars. Eine der ältesten ist **La Parra Vieja, Calle San Miguel**. Besonders schön: die **Terrassenbars an der Plaza San Miguel** am Eingang zur ehemaligen Judería.

Echt gut!

Shopping

Eine gute Einkaufspassage ist die **Calle Larga**.
Flamenco-Kleider kauft man bei:

- **Ruyfe**
Quintero Ramirez 3
Tel. 956 14 17 47

- **De la Feria al Rocío**
Medina 59
Tel. 956 33 32 01

Gitarren gibt es bei:

- **El Zoco de Artesanía**
Plaza de Peones
In 22 kleinen Läden wird nordmarokkanisches und andalusisches Kunstgewerbe präsentiert.

- **Guitarras Valeriano Bernal**
Arcos 42
Tel. 956 34 15 55

Nightlife

Jerez ist eine Stadt des Flamenco. Einige der besten Bars mit Live-Flamenco:

Tablao Reberber
Cabezas 10
Tel. 956 34 17 20
Tgl. geöffnet, Reservierung erforderlich. Mit und ohne Dinner. Die Shows genießen den besten Ruf.

■ **La Taberna Flamenca**
Angostillo de Santiago 3
Tel. 956 23 26 93
Ebenfalls eine beliebte Flamenco-Bar. Hier gibt es weniger Show, dafür mehr Ambiente. So, Mo geschl.

Aktivitäten

Museen in Jerez de la Frontera:

■ **Centro Andaluz de Flamenco**
Plaza San Juan 1
im Palacio Pemartín
Angeschlossen ist auch eine Videothek und eine Bibliothek.

■ **El Misterio de Jerez**
Calle Cervantes 3
Echt gut! Mit **Uhren- und Geschichtsmuseum** im schönen Park der Finca Atalaya. Besuch nur mit Führungen möglich! Di–Sa 10–20 Uhr, So 10–14 Uhr.

Nationalerbe Flamenco

Jerez de la Frontera gilt als die Wiege des Flamenco, hier ist er besonders authentisch. Kein Wunder also, dass für den Bau des Centro Nacional de Flamenco berühmte Namen verpflichtet wurden: die Schweizer Architekten Herzog und de Meuron, die das »Vogelnest« getaufte Olympiastadion in Bejing entwarfen. Es wird eine »Flamenco-Stadt« werden, die mit Bühnen, Bibliothek und Sälen ein ganzes Viertel umfasst – und zwar eines, das lange im Argen lag: Ein typischer *barrio*, den sich die *calé*, die kleinen Leute und die Prostituierten teilten.

Echt gut! Nicht verpassen: Im September finden die **Burlerías** statt, das angesehenste und authentischste Flamenco-Festival Andalusiens.

Ausflug zum Kartäuserkloster

Ca. 5 km östlich von Jerez liegt das Kloster **Santa María de la Defensión,** ein kunsthistorisches Kleinod der Region. Das prunkvolle Klosterportal, frei stehend einem antiken Triumphbogen gleich, ist ein Werk von Andrés de Ribera (16. Jh.). Die Kirche stammt noch aus der Spätgotik, erhielt aber im 17. Jh. eine barocke Fassade. Erhalten sind auch die beiden spätgotischen Kreuzgänge (Ctra. Jerez–Algeciras, Tel. 956 15 64 65).

*Sanlúcar de Barrameda 10

Das reizvoll an der Mündung des Guadalquivir gelegene Sanlúcar de Barrameda lebt vom Wein *(Manzanilla),* von der Fischerei und vom Tourismus. Ein bekanntes Ausflugsziel ist der **Bajo de Guía** genannte Uferabschnitt mit seinen **Fischrestaurants.** Echt gut! In der Altstadt stehen neben den Resten des **Castillo de Santiago** (15. Jh.) die Kirche **Nuestra Señora de la O** mit einem Mudéjarportal und der **Palast der Herzöge von Medina Sidonia.**

Hotel

Posada de Palacio
Caballeros 11][Tel. 956 36 50 60
www.posadadepalacio.com
Nostalgisch-elegantes Hotel in Patio-Haus. ●●

Special

Fest(e) im Sattel

Andalusier – Rasse mit Klasse

Welch ein Pferd! Temperamentvoll und wendig, vor allem aber außerordentlich gelehrig – Eigenschaften, die das in Andalusien gezüchtete spanische Pferd *pura raza española* jahrhundertelang zum idealen Kriegspferd machten. Es gehörte zu den beliebtesten Rassepferden an den europäischen Höfen. Das im 15. Jh. gegründete Kartäuserkloster bei Jerez de la Frontera (› S. 98) besaß eines der berühmtesten Gestüte, weshalb diese Pferde auch *caballos cartujanos* heißen.

Die Übungen und Manöver, die den Tieren einst für den Kriegsfall beigebracht wurden, sieht man heute, begleitet von Musik, im Rahmen von Shows. Die Darbietung der Königlichen Reitkunstschule **Real Escuela Andaluza del Arte Ecuestre** von Jerez gilt vielen als das Nonplusultra; bis zu 1600 Besucher bejubeln in der Halle den »Tanz der Pferde« mit seiner fantasievollen Choreografie aus Piaffen und Passagen. (Di, Do, Aug. auch Fr 12 Uhr; Reservierung: Tel. 956 31 80 08, Fax 956 31 80 15). An den übrigen Werktagen kann man beim Training zusehen (10–13 Uhr). Eine weitere Attraktion ist das Kutschenmuseum der Hofreitschule (Duque de Abrantes s/n; Mo–Sa 10–15 Uhr, So/Fei geschl.; www.realescuela.org).

Weitere Reitshows:

- **Yeguada de la Cartuja – Hierro del Bocado (Finca Fuente del Suero)**
  Ctra. Medina–El Portal, km 6,5
  Tel. 956 16 28 09
  www. yeguadacartuja.com
  In unmittelbarer Nähe des Kartäuserklosters bei Jerez de la Frontera. Besichtigung mit Dressurvorführung jeden Samstag um 11 Uhr.

■ **Centro de Equitación El Ranchito**
Senda del Pilar 4][Torremolinos
Tel. 952 38 30 63
www.ranchito.com
Shows mittwochs um 17.45 Uhr.

Reiterferien auf der Finca

Mit fliegenden Hufen über weite Weiden, eine Mondscheintour zum Lagerfeuer, auf dem hauseigenen Platz Schritt für Schritt näher an die Perfektion – solche Urlaubsträume machen Fincas und Ranchos wahr, die sich bestens auf Reitgäste eingestellt haben.

■ **Rancho Los Lobos**
Jimena de la Frontera (Provinz Cádiz)
Tel. 956 64 04 29
www.rancholoslobos.com
Von österreichisch-schweizerischem Ehepaar geführter Hof, urig, komfortabel, faire Preise. Schattige Reitbahn im Eukalyptuswald, Anfängerunterricht mit Schwerpunkt auf Geländereiten, Ausritte im Naturpark Alcornocales.

■ **Caballo Blanco Trekking**
Cortijo Chaparra
Lanjarón (Provinz Granada)
Tel. 958 34 71 75
www.caballoblancotrekking.com

Reiterferien, Unterricht und geführte Touren in die wunderschöne Bergwelt der Alpujarras. Unter englischer Leitung.

■ **Rancho Huerta del Batán**
Coín (Provinz Málaga)
Tel. 952 45 50 10
www.horseridingspain.com
Fünf Gehminuten von Coín entfernt, familiäres Ambiente, täglich mehrstündige Ausritte.

■ **Rancho La Paz**
Torreblanca del Sol][Fuengirola
Tel. 952 59 02 64
www.rancho-la-paz.com
Mit eigener Pferdezucht. Umfangreiches Programm, gepflegte, gemütliche Finca im andalusischen Stil.

■ Weitere Adressen im Internet unter
www.andalusien-web.com/pferde

Im Galopp durch Andalusien

Mit alten Schmugglerpfaden und Viehtriebwegen zeigt sich Andalusien als Traumregion. Da geht es durch Kiefern- und Korkeichenwälder und von der Küste hinauf zu den Weißen Dörfern. Bis zu zwei Wochen dauern organisierte Touren. Hoch im Kurs stehen Strandritte beim südandalusischen Küstentrail, der an Barbate und Los Caños de Meca vorbeiführt.

■ **Das Urlaubspferd**
Wiesenstr. 25][64331 Weiterstadt
Tel. 0 61 51/89 56 38
www.urlaubspferd.de

■ **Reiterreisen** im Internet:
www.pferdreiter.de
www.reiterreisen.com

Jachthafen Marina del Este an der Costa del Sol

Die Costa del Sol

Nicht verpassen!

- Bei Sonnenuntergang von Lucainena de las Torres nach Níjar fahren
- Blutwurst und Schinken aus Trevélez in den Alpujarras probieren
- Eine Shoppingtour durch Marbella machen
- Abends durch die Tapas-Bars von Málaga ziehen
- Durch die Alpujarras wandern – und wenn es nur für zwei Stunden ist

Zur Orientierung

Die Costa del Sol hat ein beeindruckendes Hinterland. Gleich hinter der Küste erheben sich bis zu 1000 m hohe Berge. Erstaunlicherweise präsentiert sich dieses Hinterland ganz unberührt von dem Rummel, der an der Küste herrscht

Die Costa del Sol selbst ist in jeder Hinsicht vielgestaltiger, als man vermutet. Gebirgsausläufer gliedern die Küste zwischen **Almería** und **Málaga** in felsige kleine Buchten oder lassen Platz für weite Sandstrände wie in **Marbella**, **Estepona, Torremolinos** und **Fuengirola**. Die Wellen bei Estepona und vor allem bei Fuengirola sind hoch genug sind für Surfer, v.a. in den Nachmittagsstunden, wenn der Wind auffrischt.

Am **Cabo de Gata,** östlich von Almería, gibt es einen Naturpark, der Wüste und Salzmarsch vereint und lange, saubere, recht einsame Strände hat.

Im Süden der Costa del Sol sind die Golfer zu Hause: Seit auf dem Rasen bei **Sotogrande** südwestlich von Estepona der Ryders Cup ausgetragen wurde, investiert man in exklusive Golfclubs, um der Costa del Sol das Massentourismus-Image zu nehmen. 80 davon gibt es schon – zum Missfallen der Umweltschützer, die den hohen Wasserverbrauch für die Rasenpflege anprangern.

Während der östliche Teil der Sonnenküste eher familiären Charakter hat, wird es ab Marbella richtig schick. Großzügige Hotelanlagen in Pastellfarben und mit Wellness-Angeboten stehen meist direkt am Strand. Hier feiert die Prominenz und Halb-Prominenz ihre Partys.

Doch jenseits der Hotelburgen und Autobahnen, die die Region durchschneiden, herrscht Einsamkeit. Die wüstenhaften Berge des Ostens sind so trocken, die Nächte so sternenklar, dass hier das Observatorium Calar Alto der ESA gebaut wurde. In der Sierra bei **Tabernas** sieht es aus wie im nördlichen Mexiko – mitsamt der natürlichen Kakteenvegetation eine passende Landschaftskulisse für die Westernfilme, die hier gedreht werden.

Die **Alpujarras** mit ihren archaisch-pittoresken Dörfchen wirken – obwohl zwischen der trubeligen Küste und Granada gelegen – komplett abgeschieden. Gleich hinter dem eleganten Málaga geht es steil in die Bergschluchten, z.B. in den **Parque Natural del Torcal.** Wandergebiete und Routen für Mountainbiker mit wunderbaren Ausblicken auf die Küsten locken also allerorten.

Informationsmaterial ist nicht gerade knapp an der Sonnenküste. Das sehr rührige Patronato de Turismo (www.visitcostadelsol.com) gibt viele Broschüren zu den unterschiedlichsten Schwerpunkten heraus.

Touren in der Region

Von Almería zum Cabo de Gata

12 Almería › Tabernas › Sorbas › Níjar › Parque Natural Cabo de Gata

Dauer:
2 Tage, 130 km
Praktische Hinweise:
Eine Strecke für Wüstenfans! Und das am besten mit dem eigenen Wagen. Auf dem Weg nach Tabernas liegen zwei Filmkulissendörfer, die nicht nur Kindern Spaß machen. Die Strecke von Lucainena de las Torres hinunter nach Níjar schneidet mitten durch den malerischen Karst der Sierra aus Gipsstein. Wer ausgedehnte ruhige Sandstrände liebt, ist im Naturpark Cabo de Gata richtig. Übernachtungsmöglichkeiten bestehen in San José.

Die hell leuchtende 175 000-Einwohner-Stadt ***Almería** › S. 106 liegt in einer weiten, von einer Bergkette gesäumten Bucht. Der Hafen ist einer der bedeutendsten der andalusischen Mittelmeerküste und Umschlagplatz der Produkte der Provinz: für das Eisen aus der Sierra de los Filabres sowie für das Gemüse aus dem Andarax-Becken und den Tälern des Küstenstreifens, wo es unter Plastikplanen reift. 24 km nordöstlich von Almería glaubt man dann, in Arizona zu sein. Die wilde Sierra de Alhamilla ist die Region mit der geringsten Niederschlagsmenge des europäischen Kontinents. Diese Landschaft kennt man aus den Italowestern Sergio Leones oder dem Film »Lawrence von Arabien«: beide Filme wurden hier gedreht. Der Gebirgsrand erstreckt sich von **Tabernas** › S. 107 bis in das ruhige Töpferdörfchen **Sorbas** › S. 108. Spektakulär ist der Streckenabschnitt zwischen Lucainena de las Torres bis hinunter nach Níjar, der wie ein Balkon in die Berglandschaft geschnitten ist – einsame weißgetünchte *cortijos*, kleine Landgehöfte, erheben sich auf landwirtschaftlich genutzten Terrassen. Am Spätnachmittag oder frühen Abend glüht die Wüste hier in einer besonderen Farbenpracht. In **Níjar** gibt es viel Töpferware, beinahe schon in industriellem Ausmaß.

Verschiedene Wege führen hinunter an die Küste in den ****Naturpark Cabo de Gata** › S. 108. Die Strecke zum Leuchtturm am »Achat-Kap« begleitet rechter Hand das von langen Sandstränden gesäumte Meer, links eine ausgedehnte Saline. Den Leuchtturm am Cabo de Gata sollte man unbedingt erklimmen: vor sich das Meer, unter sich die zerklüftete buchtenreiche Küste. Um nach ***San José** › S. 108 zu gelangen, geht's durchs Parkinnere – dort gibt es ein Informationsbüro des Naturparks und einen Lehrpfad gleich mit dazu. In San José stehen ausreichend Unterkünfte zur Verfügung, und mit der **Playa de**

los Genoveses ist einer der schönsten Strände schnell erreicht. Lohnende Ziele sind auch La Isleta und **Rodalquilar** › S. 109 mit einer aufgelassenen Goldmine und einem kleinen Museum. Auf dieser Höhe liegen weitere einsame Strände, z. B. El Playazo mit der Ruine des Castillo San Román.

8 In die **Alpujarras

13 Salobreña › Lanjarón › Pampaneira › Bubión › Capileira › Trevélez › Yegen

Dauer: 2–3 Tage, 120 km
Praktische Hinweise:
Wer sich dem gemächlichen Rhythmus der Dörfchen hingeben will, nimmt den Bus, der jeden Ort auf der Strecke Orgiva–Yegen 2 x tgl. ansteuert. Alle mit weniger Zeit brauchen einen Wagen: Autovermietung an den Flughäfen von Granada oder Málaga. Diese Region ist herrlich für Wanderer, Mountainbiker und neuerdings auch für Canyoning.

Von **Salobreña** › S. 109 an der Costa Tropical, einem Küstenabschnitt der Costa del Sol, geht es hinauf in die sagenumwitterte Gebirgsregion der Alpujarras unterhalb der Sierra Nevada, praktisch auf halbem Weg nach Granada. Der lieblich-verschlafene Kurort **Lanjarón** › S. 110 bildet

12 Von Almería zum Cabo de Gata Almería › Tabernas › Sorbas › Níjar › Parque Natural Cabo de Gata

das Eingangsportal. Ganz anders **Pampaneira › S. 110, das auf gut ausgebauter Terrassenstraße durch Oliven- und Agavenfelder zu erreichen ist: Hier atmet man bereits das Gebirge. Der Ort gehört mit seiner besonderen Architektur zu den malerischsten in den Alpujarras: Die weißen Hauswürfel aus luftgetrocknetem Lehm und Holz an den engen Gassen (kein Verkehr!) sind teilweise übereinander gebaut, die Terrassen bilden Passagen. Von Pampaneira auf 1062 m Höhe geht es noch einmal 400 m hinauf nach ***Bubión*** und ***Capileira*** › S. 110 – und stets hat man den Mulhacén und den Pico de Veleta im Blick, die beiden höchsten Gipfel der Sierra Nevada. Ein grandioses Panorama! Zu den Alpujarra-Dörfern gehörte stets ein kommunaler Dreschplatz für das Getreide und den Mais, die auf den Feldterrassen angebaut wurden, meist liegen sie hinter dem Dorf. Heute sind sie ausgezeichnete Aussichtspunkte, z. B. jene von Pampaneira und von Capileira. Die Mauren machten mit ihrem Bewässerungssystem den Obst- und Gemüseanbau in dieser Gegend möglich.

Nach weiteren anspruchsvollen Kehren erreicht man **Trevélez** › S. 111 hoch über dem Tal des gleichnamigen Flusses. Dieses archaisch anmutende Örtchen macht durch seinen luftgetrockneten Schinken auf sich aufmerksam – und so gibt es vor dem

13 **In die Alpujarras** Salobreña › Lanjarón › Pampaneira › Bubión › Capileira › Trevélez › Yegen

Ortseingang reichlich Gelegenheit, ihn zu kaufen und zu probieren. Weiter östlich und ein bisschen niedriger liegt **Yegen**, das einst berühmten Besuch hatte: Die englische Schriftstellerin Virginia Woolf besuchte hier ihren guten Freund Gerald Brenan. Zwischen 1919 und 1934 lebte er vorwiegend hier, nicht ohne Yegen und seinen Bewohnern ein literarisches Denkmal zu setzen.

Von Yegen lässt sich die Fahrt über Ugíjar und Andarax nach Almería fortsetzen.

Buch-Tipp Gerald Brenan, **Südlich von Granada** (Jenior, 2001) Brenan schildert anschaulich den harten Alltag und die archaischen Bräuche einer inzwischen untergegangenen bäuerlichen Welt.

Verkehrsmittel

In dieser Gegend sollte man einen (Miet-)Wagen haben. Autoverleihfirmen gibt es an den Flughäfen von Almería und Málaga (www.aena.es); Busverbindungen zu allen Orten in den Alpujarras.

Unterwegs an der Costa del Sol

*Almería 1

Dank seines im Sommer heißen und trockenen, im Winter milden Klimas hat sich Almería nicht nur zu einem Tourismuszentrum entwickelt, sondern – bei 3000 Sonnenstunden im Jahr – auch zu einem der Solartechnik.

Das volkstümliche Viertel **Chanca** zwischen Altstadt und Alcazaba, altmodische Ladenpassagen, moderne Fassaden am **Paseo de Almería** und der **Hafen** sind lebendig und sehenswert.

Über der Altstadt thront die Ruine der ***Alcazaba**. Die Burg wurde im 10. Jh. unter Abd ar-Rahman III., dem ersten Kalifen von Córdoba, begonnen. Sie besteht aus drei Abschnitten. Der östliche Bereich diente vermutlich als Truppenquartier, während der dahinter liegende Abschnitt die Palaststadt umschloss. Die Festung am westlichen Ende wurde erst nach der Eroberung der Stadt 1489 von den Katholischen Königen errichtet (zu Fuß erreichbar von der Plaza de la Constitución; Di–Sa 9–20.30 Uhr, Okt.–April bis 18.30 Uhr, Juli/Aug. Fr, Sa länger geöffnet, So nachm. geschl.).

Die **Kathedrale** entstand 1524 auf dem Platz der durch ein Erdbeben vernichteten Freitagsmoschee. Im 16. Jh. war Almería ständig von Türken- und Berberpiraten bedroht; die Kathedrale erhielt deshalb einen wehrhaften Baukörper mit vier Türmen. Einzig die Renaissanceportale lockern den Bau auf. Kostbarstes Stück im dreischiffigen Innenraum ist das geschnitzte Chorgestühl (1560) von Juan de Orea.

Flaniert man die Küstenpromenade Nicolás Salmerón entlang nach Osten, kommt man zur Avenida Federico García Lorca, die die Grenze zwischen alter und moderner Stadt bildet. In der Carretera de Ronda liegt das sehenswerte **Museo Arqueológico de Almería** mit schön präsentierten Exponaten und interessanten Sonderausstellungen (Di 14.30–20.30, Mi–Sa 9–20.30, So 9–14.30 Uhr).

Info

Oficina de Turismo
Plaza del Bendicho s/n
Tel. 950 62 11 17
www.almeria-turismo.org

Verkehr

- **Busbahnhof** an der Plaza de la Estación, Verbindungen nach Jaén, Sevilla, Guadix, Málaga und Granada.
- **Bahnhof** an der Plaza de la Estación. Spektakulär ist die **Strecke nach Granada.**

Hotels

- **Hotel Catedral**
Plaza de la Catedral
Tel. 950 27 81 78
www.hotelcatedral.net
Elegant möbliertes, originelles Hotel in einer Villa. ●●
- **Hotel Torreluz**
Plaza Flores 3
Tel. 950 23 43 99][www.torreluz.es
Gibt's in zwei Ausführungen: Eleganter oder etwas preiswerter. ●●

Restaurants

- **Restaurante Plaza de Cañas**
Marín 20
Tel. 950 271867

Die Kathedrale von Almería

Recht elegantes Ambiente, gute andalusische Küche. ●●
- **Casa Puga**
Jovellanos 7
Tel. 950 23 15 30
Beliebter, traditionsreicher Familienbetrieb mit traditionellen Tapas: roher geräucherter Thunfisch, Ziegenkäse, Bohnen mit Schinken. So geschl. ●

Oasys Parque Temático 2

Die bei **Tabernas** 3 aufgebaute Westernstadt nennt sich auch Mini Hollywood. Westernfans fühlen sich bei live gespielten Cowboy-Filmszenen in den Wilden Westen versetzt (Shows: April bis Okt. Di–So um 12 und 17 Uhr, Juni–Sept. zusätzlich um 20 Uhr; Tel. 902 53 35 32). Mit Saloons, Ziehbrunnen, Gefängnis und sogar einem Galgengerüst ausgestattet, ist alles da, was man von einem Westerndorf erwartet.

Sorbas 4

Das von Feldterrassen gerahmte Töpferdorf liegt malerisch an einem Felsabbruch über dem Río Aguas. In der Altstadt von Sorbas drängeln sich dicht an dicht weiße Häuser in engen Gässchen.

In einigen sind **Töpferwerkstätten** untergebracht, auch Flechtereien aus Espartogras und Schmiedearbeiten werden hier angefertigt.

**Parque Natural Cabo de Gata 5

Der 26000 ha große Naturpark aus vulkanischer, bis 500 m hoher Sierra, flacher Steppe, Dünen und Salinen ist in Europa einmalig. In dem wüstenhaften Klima gedeihen Agaven, Disteln, Espartogras und Zwergpalmen, es gibt Dachse, Wiesel, Ginsterkatzen, Flamingos und Störche. Auch die maritime Fauna ist hier unter Schutz gestellt. Hinter dem Fischerdorf Cabo de Gata hat sich eine verlandete Lagune in eine Saline verwandelt. Vom Leuchtturm **Torre de Vigia Vela Blanca** hat man eine wunderbare Aussicht hoch über dem »Achat-Kap«.

Echt gut!

Lehrpfade erschließen den Park, Auskünfte darüber erhält man im Besucherzentrum des Parks Las Almoladeras mit angeschlossener Bibliothek und kleinem Shop (ausgeschildert: Centro de Visitantes, Las Amoladeras, Carretera Almería–Cabo de Gata, Tel. 950 16 04 35). Es gibt einige **schöne Natur-Hotels,** z. B. das Las Salinas in Almadraba de Monteleva (www.lasalinascabodegata.com, ●) und das Las Calas in Agua Amarga (www.hotellascalas.es, ●●). Die Küste könnte abwechslungsreicher nicht sein: goldgelber feiner Sand und knallweiße Felsen, das Wasser recht kühl und tiefblau.

Echt gut

! Unbedingt Sonnenschirm mitnehmen, Schatten gibt's nicht!

*San José 6

Da die ganze Gegend durch den Status eines Naturparks und die Erklärung der UNESCO zum Biosphärenreservat geschützt ist, dürfte in San José nicht viel gebaut werden – doch die Begehrlichkeiten sind zu groß. In dem Fischerort wuchs die Zahl der Hotels, Pensionen und Restaurants langsam aber stetig, sodass eine propere touristische Infrastruktur entstanden ist. Trotzdem wirkt es nicht überlaufen.

Hotel

Cortijo El Sotillo

Ctra. San José][Tel. 950 61 11 00
www.cortijoelsotillo.com
Nicht am Strand, sondern vor dem Ortseingang gelegen, dafür mit vielen Ausflugsmöglichkeiten, gediegen und elegant: Der Landhof ist alt, die Hotelanlage kubistisch reduziert. Es gibt auch einen Pool. ●●

Karte Seite 104

Die Playa de los Genoveses im Naturpark Cabo de Gata

Restaurants

Am östlichen Ende der Bucht gibt es eine bunte Vielfalt an Esslokalen.

Rodalquilar 7

Ein Stück weiter im Landesinneren liegt die ehemalige Bergarbeitersiedlung Rodalquilar. Bis in die 1950er-Jahre wurde in den nahen Minen Gold gefördert; die Anlagen sollte man sich unbedingt ansehen. Heute ist hier das **Museo Geominero** untergebracht, das über die Minenarbeit und die spannende Geschichte der Region informiert. Ganz in der Nähe liegt der ausgedehnte Strand **El Playazo de Rodalquilar,** auf dem Weg dorthin findet man das Vier-Sterne-Hotel Rodalquilar.

cht gut!

Info

Oficina del Parque Natural
Fundación s/n][Rodalquilar
Tel. 950 38 97 42

Salobreña 8

Das Städtchen liegt auf einem Felsen mitten im halbkreisförmigen Küsteneinschnitt der Costa Tropical. Die Oberstadt mutet wie eine nordafrikanische Medina an, am Kieselstrand ist eine Feriensiedlung und damit ein neues Zentrum entstanden. Vom Binnenland durch eine hohe Bergkette abgeschirmt und von kleinen Flüssen bewässert, gedeihen in dem milden Klima Frühobst und tropische Früchte, Chirimoya und Zuckerrohr.

Restaurant

El Peñón
Playa del Peñón
Tel. 958 61 05 38
Am Fuß von Salobreña befindet sich direkt am Strand, auf einem Felsvorsprung gelegen, das Ausflugsrestaurant. Besonders gut: **Dorade in Salzkruste.** ●

Echt gut!

Lanjarón 9

Abgesehen vom Kurbetrieb lebt der ruhige Kurort am Fuß der Alpujarras von der Produktion des gleichnamigen Mineralwassers.

Auf dem Hügel gegenüber der Stadt befinden sich die Ruinen der maurischen Festung; von der Anlage ist zwar nur wenig erhalten, aber der Panoramablick in die bizarre Berglandschaft der Alpujarras ist großartig. Das Vorgebirge der Sierra Nevada erhält reichlich Niederschlag. Auf Terrassen werden neben Wein, Oliven, Orangen und Zitronen vor allem Mandelbäume kultiviert. Gemahlene Mandeln wandern in die typische Süßigkeit von Lanjarón, die *suspiros*, eine Art Baiser.

Hotel

Alcadima
Francisco Tarrega 3
Tel. 958 77 08 09
www.alcadima.com
Hotel im behaglichen Landhausstil, große Terrasse und Pool. ●●

Alpujarra-Dörfer

Auf bereits 1058 m Höhe liegt ****Pampaneira 10** an einer kurvenreichen, aber gut zu befahrenden Bergstraße. Ineinander geschachtelte Häuserkuben mit den für die Alpujarras so typischen terrassenartigen Flachdächern aus Holz, Schieferplatten und Tonerde ziehen sich treppenartig den Hang hoch. Vor Pampaneira nimmt ein großer Parkplatz die Autos der Besucher auf. Das wunderhübsche bäuerliche Innere ist winzig und schnell durchlaufen; es gibt genügend Möglichkeiten, zu essen und ein regionaltypisches Souvenir zu erstehen. Auch die noch höher an der Straße gelegenen Dörfer ***Bubión** und ***Capileira** oberhalb der Schlucht des Poqueira-Flusses sind in diesem Stil errichtet.

Von Capileira aus verkehrt 4 x tgl. ein Ausflugsbus, in dem man naturkundliche Informationen über die Gegend bekommt (Tel. 958 76 34 86), bis zum **Alto de Chorillo.** Die Aussicht von dort ist berückend. Ebenfalls schöne Aussichtsplätze mit weitem Blick auf *cortijos*, Berggipfel und Terrassen sind die **ehemaligen Dreschplätze von Pampaneira und Capileira.** Echt gut

Hinter Capileira führt die Straße in die Sierra Nevada und wird zur höchsten Gebirgsstraße Europas. Vorbei an den Gipfeln des **Mulhacén** (3481 m) und des **Pico de Veleta** (3392 m), verbindet sie Pampaneira mit Granada. Die Straße ist allerdings nicht immer geöffnet und sollte auch nur mit einem Wagen mit Allradantrieb befahren werden. Erkundigen Sie sich vor Ort oder beim Verkehrsamt in Granada nach dem aktuellen Straßenzustand.

Hotels

■ **Villa Turística Bubión**
Barrio Alto s/n
Tel. 958 76 31 11][Fax 958 76 62 55

Gemütliche Hotelanlage mit großen Kaminzimmern und Pool im Stil eines Alpujarra-Dorfs. ●●

■ **Hotel Finca Los Llanos**
Crta. Sierra Nevada s/n
Capileira][Tel. 958 76 30 71
Gepflegte Anlage mit Balkon- und Terrassenzimmern im dekorativen andalusischen Stil, Pool. ●●

Restaurants

Es gibt in allen drei Orten nette Ausflugsrestaurants, z.T. auf den Dachterrassen der Häuser. Für Blutwurstfans eine Entdeckung: der **Plato alpujarreño,** ein kalorienreiches Gericht aus gebratenen Paprika und Kartoffeln mit arabisch gewürzter Blutwurst.

cht gut!

Trevélez 11

Ein Stück weiter westlich und mit 1476 m richtig weit oben im Gebirge liegt das winzige Trevélez.

Sport in den Alpujarras

Die Alpujarras eignen sich perfekt für Wandertouren, die entlang der Anbauterrassen verlaufen. Einfaches Kartenmaterial ist in der Touristeninformation in Lanjarón und in Pampaneira erhältlich. Geführte Touren bietet u.a. **Nevadensis** in Pampaneira (Tel. 958 76 31 27, www.nevadensis.com). Hier kann man auch Canonying und Mountainbiking buchen.

Ausritte bieten verschiedene Veranstalter in Bubión und Lanjarón an, z.B. **Caballo Blanco Trekking** (› S. 100). Ihr gemeinsames Portal heißt www.andaluciaacaballo.org.

Wandern in den Alpujarras

Es türmt sich an einer Bergflanke in die Höhe, wie viele Alpujarra-Dörfer aufgeteilt in ein unteres, ein mittleres und ein oberes Viertel. Will man dem Trubel im *barrio bajo* entgehen, steigt man zum *barrio medio* hinauf.

Hotel

La Fragua
Barrio Medio
Tel. 958 85 86 26
www.hotellafragua.com
Rustikales Haus mitten im Dorf, mit großen Zimmern und Pool. ●

Restaurant

Mesón del Jamón
Cárcel 2
Tel. 958 85 86 79
Mit Aussichtsterrasse. Die obligatorische Adresse für den hoch gerühmten Schinken von Trevélez. ●

*Nerja 12

Der Badeort an der Costa Tropical unterscheidet sich von den Hotel- und Ferienhaussiedlungen der Sonnenküste dadurch, dass er auf natürliche Art wuchs. Sein verwinkeltes Zentrum mit Kneipen, Läden und mehreren Promenaden hat Charme; der **Balcón de Europa,** eine ins Meer ragende Felsnase mit Esplanade und guter Aussicht auf die Sierra im Hinterland, ist eine richtige Sehenswürdigkeit. Rechts und links davon erstrecken sich die Strände. Die Engländer mögen Nerja als Überwinterungsziel, was ihm einen **gut bestückten Flohmarkt** verschafft hat, der sonntags abgehalten wird.

Echt gut!

Oberhalb der Stadt liegt ein imposantes System von Tropfsteinhöhlen, die ***Cueva de Nerja**. Der vordere Teil kann besichtigt werden; im Juli dient die Höhle als Kulisse für Konzerte und Ballettaufführungen (› S. 20).

Hotels

Parador de Nerja

Almuñécar 8][29780 Nerja
Tel. 952 52 00 50
www.parador.es
Geschmackvoll, modern, mit riesigem Garten, tollem Blick und Swimmingpool. ●●●

Finca El Morisco

Benajarafe][Tel. 952 51 47 12
www.fincaelmorisco.eu
Die sehr gepflegte Anlage eines kleinen, freundlichen, familiengeführten Unternehmens liegt etwa auf halbem Weg zwischen Nerja und Málaga. Vegetarische Mahlzeiten aus biologischem Anbau, Wellness mit Sauna und Massagen, dazu ein vielfältiges Angebot mit geführten Wanderungen, Gymnastik, Nordic Walking, Malen, Reiten und Ausflugsvermittlung. ●●

Frigiliana 13

Nur 6 km von Nerja entfernt, aber schon in den Bergen, liegt Frigiliana, ein Weißes Dorf mit kleinen, ineinander verschachtelten Häusern und schmalen Gassen. Es gibt einige hübsche Geschäfte mit Keramik, Schmuck und Papier. Ausflugsrestaurants bieten einen grandiosen Ausblick auf die Küste, z. B. **El Jardín.** Von Nerja aus kann man auch nach Frigiliana wandern, Details erfährt man im Fremdenverkehrsamt.

Echt gut!

Wer noch weiter in die Bergwelt fährt, wird belohnt mit einer **Panoramafahrt zwischen Sayalonga und Cómpeta** und wieder hinunter nach Nerja/Algarrobo. An den schönsten Kehren dieser spektakulären Strecke sind **Miradores** in die Landschaft gesetzt, von Künstlern bemalt im Stil von Niki de St. Phalle und Antoni Gaudí.

Echt gut!

*Málaga 14

Die Hafen- und Provinzhauptstadt (560 000 Einw.) an der Mündung des Guadalmedina breitet sich zu Füßen der Montes de Málaga in der größten Talebene dieser Küstenlandschaft aus. In der Umgebung werden Baumwolle, Zuckerrohr, Zitrusfrüchte, Feigen und Weintrauben angebaut. Apartmentblöcke und Bürohäuser prägen die Neustadt, während das quirlige und elegante Stadtzentrum um die Renaissancekathedrale mit seinen Fußgängerzonen zum Bummeln einlädt. Seit einiger Zeit macht Málaga auch

Karte S. 104/113

als Museumsstadt Furore; wenn alle Projekte abgeschlossen sind, werden 23 Museen um die Gunst der Besucher wetteifern! Und wem es zu heiß wird, der springt ins Meer: Málaga hat nämlich Stadtstrände.

Gibralfaro A

Im Osten thront der »Berg des Leuchtturms« (dem Wegweiser zum Parador folgen). Seiner strategischen Bedeutung wegen sind auf diesem Hügel immer wieder Festungen gebaut worden. Die stark restaurierten Ruinen des **Castillo del Gibralfaro** stammen aus nasridischer Zeit. Vom begehbaren Mauerring aus überblickt man die ganze Stadt (tgl. 9–20, im Winter bis 18 Uhr).

*Alcazaba B

Zu Füßen des Burgbergs liegt der Palast der Alcazaba, mit dem Castillo del Gibralfaro durch einen Wehrgang verbunden. Die Alcazaba war die Residenz der maurischen Herrscher von Málaga. Die Anlage wurde seit dem 13. Jh. von den Nasriden ausgebaut (Di–So 9.30–19 Uhr). Westlich am Hang liegen die Ruinen des **Römischen Theaters** aus dem 1. Jh. n. Chr.).

*Kathedrale C

Nach der Grundsteinlegung 1528 zogen sich die Bauarbeiten an der Kathedrale über 200 Jahre hin. Der Innenraum ist als dreischiffige, 48 m hohe Halle konzipiert. Die Heiligenfiguren des Chorgestühls (1662), ein Hauptwerk von

A Gibralfaro
B Alcazaba
C Kathedrale
D Museo Picasso
E Fundación Picasso

Pedro de Mena, zählen zu den Höhepunkten spanischer Schnitzkunst. Ältestes Ausstattungsstück ist das spätgotische Retabel in der Capilla de Santa Bárbara im Chorumgang (Mo–Fr 10–18, Sa 10–17 Uhr; So, Fei geschl.).

9 **Museo Picasso D

In der Calle San Agustín liegt das Museo Picasso im renovierten Renaissance-Palacio de los Condes de Buenavista (16./17. Jh.). Die rund 200 Exponate stellten Christine und Bernard Ruiz-Picasso, Schwiegertochter und Enkel Picassos, zur Verfügung: Gemälde, Grafiken, Plastiken und Keramikarbeiten illustrieren eindrucksvoll die Entwicklung eines der bedeutendsten Künstler des 20. Jhs. (Di–Do, So/Fei 10–20, Fr, Sa 10–21 Uhr, www.museopicasso malaga.org).

Fundación Picasso E

Málagas berühmtester Sohn Pablo Picasso wurde 1881 im Haus Nr. 15, Plaza de la Merced geboren. Heute hat die Picasso-Stiftung hier ihren Sitz, die Wechselausstellungen, Dokumentarfilme sowie einige Werke des Malers und seines Vaters zeigt (Mo–Sa 10–20, So 10–14 Uhr, Fei geschl.).

Weitere Museen

Noch zwei Museen verdienen Beachtung: das **Centro de Arte Contemporáneo** (Alemania s/n) mit interessanten Wanderausstellungen, Aktionen, Kino und Theater, und das **Museo Carmen Thyssen** (Compañía 10), das eine wertvolle Sammlung andalusischer Malerei zeigt.

Info

Información Turística
Plaza de la Marina s/n
Tel. 952 12 20 20
www.malagaturismo.com
Infomationsstände im Flughafen, an der Plaza Merced und im Busbahnhof.

Verkehr

- **Flughafen Pablo Picasso:** Nationale und internationale Verbindungen; Bus- und Bahnanbindung ans Zentrum (www.aena.es).
- **Bahnhof:** Esplanada de la Estación.
- **Busbahnhof:** Paseo de los Tilos s/n. Abfahrten in zahlreiche Richtungen. Die Stadt ist Verkehrsknotenpunkt.

Hotels

- **Parador del Gibralfaro**
Tel. 952 22 19 02][www.parador.es
Unterhalb des Castillo del Gibralfaro gelegener, rustikal-eleganter Parador. Hat nur zwölf Zimmer, deswegen unbedingt reservieren! Mit wunderschönem Blick auf Málaga. ●●●
- **Málaga Palacio**
Cortina del Muelle
Tel. 952 21 51 85
www.ac-hotels.com
Modernes, komfortables Hotel neben der Kathedrale. Schöne Aussicht von der Dachterrasse (mit Pool). ●●●
- **Don Curro**
Sancha de Lara 7][Tel. 952 22 72 00
www.hoteldoncurro.com
Sehr zentral gleich hinter der Plaza Marina gelegen. Klassisch-elegante Einrichtung, die Zimmer sind jedoch nicht riesig. ●●

Das Museo Picasso in der Calle San Augustín

Restaurants

Antonio Martín

La Malagueta s/n][Tel. 952 22 73 98

Eines der angesehensten Fischrestaurants in Málaga. ●●●

La Cocina Salguero

Av. Sor Teresa Prat 54
Tel. 952 25 92 19

Baskisch-andalusische Rezepte, große Weinauswahl, rustikal-familiäres Ambiente. ●●●

Restaurante Café de Paris

Muelle Uno][Puerto de Málaga
Tel. 952 00 35 88

Ambitionierte, Michelin-prämierte Küche mit ausschließlich regionalen Produkten in ungewöhnlichen Kombinationen. Edel-reduziertes Ambiente. ●●●

La Campana

Calle Granada 35

Hier schmeckt alles und hier **sprudelt die Stimmung.** Eine echte Empfehlung! ●

Antigua Casa de Guardia

Alameda Principal 18

Die angeblich älteste Taverne der Stadt ist für alteingesessene *malagueños* obligatorischer Stopp mittags und vor dem abendlichen Ausgehen. Fässer türmen sich hinter dem Tresen, und **im urigen Ambiente probiert man Weine aus der Region Málaga.** ●

Shopping

Die Shoppingmeilen Málagas mit über 1000 (!) Geschäften liegen rund um die **Calle Marqués de Larios** und in deren Seitenstraßen.

Nightlife

Das Abendvergnügen in Málaga beginnt mit einem ausführlichen Streifzug durch die **Tapas**-Gemeinde. Rund um die **Plazas Uncibay** und **de la Merced** sowie in den Passagen links und hauptsächlich rechts der **Marqués de Larios** gibt es eine Menge davon, die zu empfehlen sind: **Cortijo de Pepe, Bar Orellana, Mesón Antonio, Mesón Mariano, Lo Güeno, La Aldea, La Cepa, Bar Central**. Gambas, Fischkroketten, Schinken, kleine gebratene Sepias, gereifter eingelegter Manchegokäse – überall nimmt man ein anderes Häppchen zum Bier oder zum Sherry. Danach zieht man in die

Karte Seite 104

Discos und **Salsabars**, die praktischerweise in derselben Ecke liegen. Klassische Musik erklingt in der Cocktailbar **Puerta Oscura, Molina Lario 5**.

Ausflug nach El Torcal 15

Über die Nebenstrecke, die im Westen von Málaga durch die Berge nach Antequera führt, gelangt man auf das dunkle Kalksteinplateau des ***Parque Natural del Torcal**, das etwa 1200 ha umfasst. Die dunkelgraue Erosionslandschaft bietet einen bizarren Anblick; seltsam aufgeschichtete Gebilde, Pilzen oder Hüten ähnlich, erheben sich neben den markierten Spazierwegen. Der Park ist ganzjährig zugänglich.

*Marbella 16

Seit den 1960er-Jahren verbindet man mit Marbella Sonne, Luxus, Geldadel – die elegante Stadt sticht ihre Nachbarn immer noch mühelos aus. Inmitten der charmanten Altstadt liegt die **Plaza de los Naranjos** mit Orangenbäumen und Kandelabern sowie dem **Rathaus** (16.–18. Jh.). Über die blumengeschmückte Calle del Carmen kommt man zur **Iglesia de la Encarnación** (16. Jh.). In den weißen Gässchen finden sich zahlreiche Restaurants und Shops.

Zwischen Málaga und Marbella steht in Benalmádena der größte buddhistische Stupa Europas

Hotels

■ **Andalucía Plaza**
Urb. Nueva Andalucía
Tel. 952 81 20 00][www.h10.es
Vier-Sterne-Hotel mit 400 Zimmern und Suiten, neben dem Kasino, Ausstellungen moderner Kunst. ●●●

■ **La Villa Marbella**
Príncipe 10][Tel. 952 76 62 20
www.lavillamarbella.com
Restauriertes Stadtpalais in der Altstadt. Inneneinrichtung asiatisch inspiriert. ●●●

Restaurants

■ **Restaurant Calima**
José Melia s/n][Tel. 952 76 42 52
Vor aller Augen kocht der Chef Daniel García **Abwandlungen andalusischer Rezepte** (wie Thunfisch und Ochsenschwanz) im ausgesucht eleganten Ambiente. Schöne Terrasse. ●●● Echt gut

■ **El Estrecho**
San Lazaro 12][Tel. 952 77 00 04
Das Tavernen-Lokal ist vermutlich das älteste Marbellas, und **die Küche geht pfiffig mit traditionellen Rezepten um.** So geschl. ● Echt gut

■ Kenner essen ihren Fisch im Hafen von Marbella in den beiden **Restaurants direkt am Strand.**

Abendlich beleuchtetes Córdoba

Der Nordosten

Nicht verpassen!

- Im Parador von Jaén wohnen oder dort ein Dinner genießen
- Den Palacio del Jabalquinto in Baeza zum Sonnenuntergang besuchen: Die Fassade funkelt wie tausend Diamanten
- Sich von einem kundigen Führer die Legenden der Casa de las Torres in Úbeda erzählen lassen
- Wellness auf Arabisch: sich im Hammam von Córdoba entspannen
- Den Salmorejo in den Bodegas Campos in Córdoba probieren – typisch cordobesisch!

Zur Orientierung

Der Nordosten Andalusiens ist außerhalb der Landesgrenzen nicht sehr bekannt. Die Spanier dagegen sind ganz verliebt in den **Naturpark Sierras de Cazorla, Segura y Las Villas** – mit über 200 000 ha der größte Spaniens – weil er im glutheißen Sommer eine gebirgige, waldreich-kühle Alternative zu den Stränden bietet. Im wildromantischen Park, der die Brücke schlägt zwischen der Sierra Morena im Norden und der Betischen Kordillere im Süden, kann man spazieren gehen, wandern, schwimmen, angeln, Rad fahren und reiten: Wie gemacht für Familien mit Kindern. Im Parque Natural selbst, der mit seiner Kalksteinunterlage geologisch ähnlich aufgebaut ist wie Gibraltar und die Sierra Nevada, gibt es auch freundliche Landhotels.

In **Jaén**, **Úbeda** und **Baeza** sind architektonische Schätze aus der Renaissance zu entdecken, die von der UNESCO zum Weltkulturerbe erhoben wurden. In Úbeda und Baeza sind sie bequem im Schlendergang zu Fuß aufzustöbern. Die Umgebung: ein endlos anmutender Teppich aus Olivenbäumen. Niemand sollte sich also wundern, wenn er in diesem sanfthügeligen Olivenland Öl anstatt Butter zum Frühstücksbrötchen bekommt. Andalusiens flüssigem Gold wurde in einem alten Landgut bei Baeza ein eigenes Museum gewidmet.

In der Sierra de Segura entspringt der **Guadalquivir**, bei **Córdoba** ist er bereits ein Strom. Córdoba selbst ist wiederum ein Star unter Andalusiens Städten – im 10. Jh. mit über einer Million Einwohnern die größte bekannte

Stadt der Welt, Ort islamischer Gelehrsamkeit und Forschung, der Naturwissenschaften, der Bibliotheken, der Kunst, der Philosophie und des ärztlichen Wissens. 756 von den Mauren erobert, versank diese Pracht im 11. Jh., als das Omaijadenreich in Einzelstaaten zersplitterte und die Stadt in Ländlichkeit versank.

Viele Zeugnisse aus diesen Epochen haben sich erhalten, am prächtigsten natürlich die Mezquita, eine riesige Moschee mit einem wundersamen Palmenhain aus Marmorsäulen. Spaziergängerfreundlich zeigt sich Córdoba in seiner enggassigen Judería und in der eleganten Innenstadt. Nur die Temperaturen sind nicht jedermanns Sache: Im Sommer sinken sie nur selten unter 40 °C. Am schönsten ist es in der Stadt im Mai, wenn Feria-Zeit ist und der Wettbewerb um den schönsten Innenhof stattfindet.

Auskunftsstellen gibt es in Jaén, Úbeda und Baeza und natürlich in Córdoba. Im Naturpark selbst ist dem Informationsbüro ein kleines Museum angegliedert.

Touren in der Region

Von Jaén nach Úbeda

(14) Jaén › Baeza › Úbeda

Dauer:
2 Tage, 62 km
Praktische Hinweise:
Hier sind die Städte mit ihren Bauwerken aus der Renaissance das Reisemotto; da es sich um direkte, kurze Strecken handelt, kann man diese Tour auch problemlos mit dem Bus bewältigen.

Schon früh lag ***Jaén** › S. 130 auf antiken Handelsrouten – bereits die Iberer nahmen diesen Weg von der Sierra Morena zum Meer. Und so ist das dortige archäologische Museum eine Fundgrube für Geschichtsinteressierte. Jaén lehnt sich an die Sierra Jabalcuz an und imponiert durch eine prachtvoll auf einem Felsen gelagerte Alcazaba, von der man die weite Hügellandschaft der Olivenregion überblickt. Die Renaissancekathedrale gilt als eines der Meis-

(14) Von Jaén nach Úbeda
Jaén › Baeza › Úbeda

(15) In die Sierras de Cazorla, Segura y Las Villas **Úbeda › Cazorla › Torre del Vinagre › Hornos › Segura de la Sierra**

terwerke des Architekten Andrés de Vandelvira.

Auch auf dem Weg nach **Baeza** › S. 132 begleiten Olivenhügel den Weg, unterbrochen von nur wenigen kleinen Waldstücken. Früher einmal wurde hier Weizen angebaut. Die Mauren führten Zitrusfrüchte und Datteln ein. Das freundliche Baeza erinnert viele Besucher wegen seiner Bauwerke aus der Renaissance, aber auch wegen seiner heiteren Stimmung an die Toskana. ***Úbeda** › S. 133 prunkt mit den meisten Adelspalästen und das aus folgendem Grund: Ganz in der Nähe liegt Las Navas de Tolosa, ein auf der Landkarte der Reconquista bedeutender Ort: Hier wurden die maurischen Heere 1212 von den Katholiken besiegt. Die daran beteiligten Adligen ließen sich in Úbeda ihre Residenzen bauen.

In die Sierras de Cazorla, Segura y Las Villas

15 Úbeda › Cazorla › Torre del Vinagre › Hornos › Segura de la Sierra

Dauer:
Mindestens 2 Tage; 155 km
Praktische Hinweise:
Neben den vielfältigen sportlichen Aktivitäten macht es auch Spaß, einfach durch die kleinen uralten Dörfchen zu streifen. Hier lohnt der eigene (Miet-)Wagen. Tgl. Busverbindungen gibt es von Jaén und Baeza, 4 x tgl., und von Úbeda nach Cazorla. Im Park selbst verkehrt ein Bus von Cazorla nach Iruela, Burunchel, Río Frío und Coto Ríos.

Die Sierras de Cazorla, Segura y Las Villas › S. 136 liegen im Osten von Úbeda und sind mit 214 336 ha das größte Naturschutzgebiet Andalusiens.

Von Úbeda aus sind es rund 45 km bis zum Einstiegsort in den Naturpark, **Cazorla** › S. 135. Hier kann man schon Waldluft atmen. Sehens- und deswegen einen kleinen Abstecher wert ist die Turmruine bei **Iruela** › S. 136. Die Carretera del Tranco A 319 geleitet anschließend durch den Park. Links und rechts der Straße liegen die Zufahrten zu einigen Waldhotels und Campingplätzen. Der Halt am Informationszentrum des Parks in **Torre del Vinagre** › S. 136 bei km 48 sollte obligatorisch sein. Neben einer Fülle an Material gibt es Anschauungsunterricht im angeschlossenen Museum. Insgesamt stehen im Park etwa 280 km markierte Wanderwege zur Verfügung. Im waldumsäumten See Tranco de Beas, dem mit 1,1 Mio. m^3 größten Stausee Südspaniens, wird der junge Guadalquivir gestaut – seine Quelle im Park ist ein begehrtes Wanderziel. Über Cortijos Nuevos werden Hornos und das nahezu mittelalterliche ***Segura de la Sierra** › S. 137 erreicht, die bereits in der Sierra de Segura liegen, dem wilderen und weniger erschlossenen Teil des Naturparks.

Unterwegs im Nordosten

***Córdoba 1

Córdoba (328 000 Einw.), einst bewunderte Metropole des mächtigen Kalifats (10. Jh.), präsentiert sich heute als Provinzhauptstadt am Guadalquivir, der die fruchtbare Campiña durchfließt.

Zwei Tage sollte man sich für einen Besuch Zeit lassen, am besten im Frühjahr oder Herbst. Der Mai wäre ideal, denn da kommen alle **Stadtfeste** zusammen.

cht gut!

Die verwinkelten Gassen der Altstadt lassen durchaus noch etwas von der Atmosphäre des mittelalterlichen Córdoba spüren. Natürlich sind die vielen Moscheen, Bibliotheken und Koranschulen, die zahlreichen öffentlichen Bäder, Karawansereien, Werkstätten und Läden verschwunden, doch einige Gebäude wurden rekonstruiert und zu kleinen Museen ausgebaut. Strahlendste Sehenswürdigkeit der Stadt ist die großartige Hauptmoschee (Mezquita), die zu den eindrucksvollsten Kulturzeugnissen der gesamten islamischen Welt gehört.

Als der maurische Omaijadenprinz Abd ar-Rahman I. 756 das Emirat von Córdoba begründete, begann ein unvergleichlicher Aufstieg der Hauptstadt von Al-Andalus. 1031 brach das Reich auf Grund von inneren Zwistigkeiten auseinander. 1236 nahm Fernando III. die Stadt ein, daraufhin wurde sie Bischofssitz.

10 ***Mezquita A

Córdobas markantestes Gebäude erhebt sich an der Stelle der einstigen westgotischen Kirche San Vicente. Unter dem Omajadenherrscher Al-Mansur war sie die größte Moschee im islamischen Westen. Sie verkörpert den

- a Puerta de los Deanes
- b Patio de los Naranjos
- c Glockenturm
- d Puerta de las Palmas
- e Moschee Abd ar-Rahmans I.
- f Ausbau Abd ar-Rahmans II.
- g Erweiterung Al-Hakams II.
- h Gebetsnische (Mihrab)
- i Puerta de Palacio
- j Erweiterung Al-Mansur
- k Capilla Real
- l Chor der Kathedrale
- m Capilla Mayor
- n Capilla de Santa Teresa

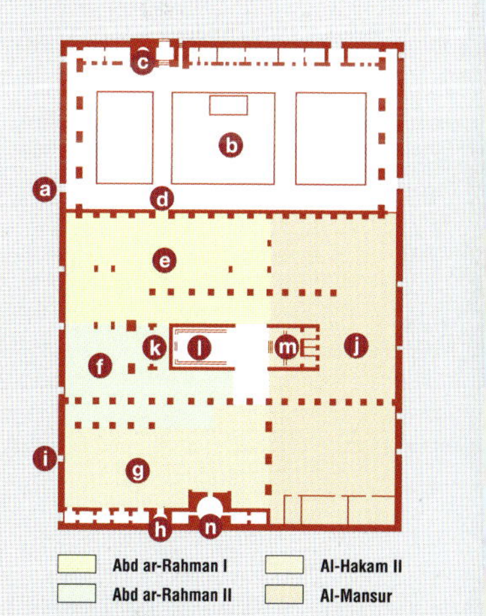

Mezquita

Typ der Hofhallenmoschee, die sich aus einer vielschiffigen Bethalle (Haram) und einem Hof (Sahn) zusammensetzt. Nach der Rückeroberung der Stadt 1236 benutzten die Christen die Moschee zunächst unverändert als Bischofskirche weiter. Im 16. Jh. wurde in die Bethalle eine Kathedrale hineingebaut, die wie ein Fremdkörper in der islamischen Architektur wirkt.

Über den Haupteingang **Puerta de los Deanes** ⓐ betritt man den Orangenhof, den **Patio de los Naranjos** ⓑ. Ursprünglich öffne-

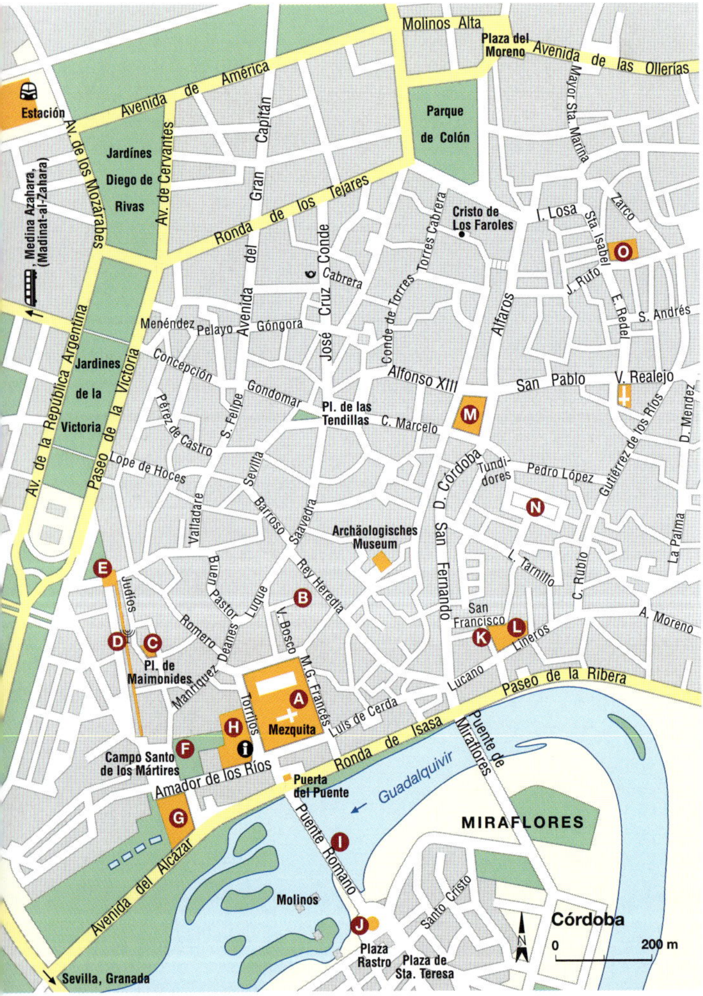

Eine grandiose Kuppel bekrönt den Raum vor dem Mihrab

ten sich die 19 Schiffe der Bethalle direkt auf den Hof. In christlicher Zeit wurden die Bögen zugemauert, um Kapellen einzubauen. Der barocke **Glockenturm** C (69 m) lässt seinen Kern, das ehemalige Minarett, von außen nicht mehr erkennen. Die **Puerta de las Palmas** d stellte das Haupttor der Bethalle dar.

Moschee Abd ar-Rahmans I. e

Begonnen wurde der Bau unter Abd ar-Rahman I., der 756 das Emirat von Córdoba begründete. Eine der genialsten Lösungen einer Moscheehalle wurde hier verwirklicht. Den die elf Schiffe trennenden Säulen wurde ein elegantes, zweigeschossiges Bogenwerk aufgesetzt. Dadurch erhielt der Raum eine für diesen Moscheetypus ungewöhnliche Höhe. Die Zweigeschossigkeit der Arkaden erklärt sich daraus, dass die vorhandenen römischen Säulen nicht hoch genug waren, um einer so weiten Halle die entsprechende Höhe zu verleihen. Der Architekt verlängerte die Stützen, indem er auf den Säulen rechteckige Pfeiler errichtete, auf denen die das Dach tragenden Rundbögen ruhen. Gefestigt wird die Konstruktion durch frei durch den Raum gespannte Hufeisenbögen, die die Pfeiler miteinander verbinden.

- A Mezquita
- B Calleja de las Flores
- C Museo Municipal Taurino
- D Synagoge
- E Puerta de Almodóvar
- F Baños Califales
- G Alcázar de los Reyes Cristianos
- H Palacio Episcopal
- I Puente Romano
- J Torre de la Calahorra
- K Plaza del Potro
- L Museo Provincial de Bellas Artes
- M Rathaus
- N Plaza de la Corredera
- O Palacio de Viana

Erweiterungsbauten

833 begann Abd ar-Rahman II., das Gebäude unter Beibehaltung des Bauprinzips nach Süden hin zu verlängern ⓕ. Auf die gleiche Weise erfolgte 961 die Erweiterung durch Al-Hakam II. ⓖ. Die Kibla (Südwand) mit der ****Gebetsnische** (Mihrab) ⓗ ließ er mit fein ausgearbeiteten Reliefs und farbigen Mosaiken byzantinischen Stils ausstatten. Die **Puerta de Palacio** ⓘ an der westlichen Mauer verband die Moschee ursprünglich direkt mit dem Herrscherpalast. Ab 987 fügte Al-Mansur als letzten Anbau ⓙ nach Osten acht Schiffe hinzu.

Als für den Bau einer neuen Kathedrale, der **Capilla Real** ⓚ, im Jahr 1523 Teile des Betsaales abgerissen wurden, verlor die Moschee ihre Einheitlichkeit. Ein Prunkstück (ⓛ – **Chor,** ⓜ – **Capilla Mayor**) ist das spätbarocke Chorgestühl von Pedro Duque Cornejo. Links neben dem Mihrab befindet sich die **Capilla de Santa Teresa** ⓝ mit der Schatzkammer; wo man eine Silbermonstranz von Enrique de Arfe (1517) bewundern kann.

Öffnungszeiten: März–Okt. Mo–Sa 10–19, So/Fei 8.30–10 und 14–19 Uhr; Nov.–Febr. Mo–Sa 8.30–18, So/Fei 8.30–10 und 14 bis 18 Uhr).

Zusätzlich kann man die Mezquita bei einem nächtlichen Besuch erleben: Jeweils 80 Gäste können die Licht-und-Ton-Show **El Alma de Córdoba** erleben. Infos zu Terminen unter www.elalmadecordoba.com.

Die maurische Stadt

Im urbanen Mittelpunkt, der Medina, stand die Hauptmoschee. Um die Moschee erstreckte sich das Marktviertel, der Souk. Die angrenzenden Wohnviertel breiteten sich mit ihrem Labyrinth schmaler Gassen bis an die Stadtmauern aus. Nur die zu den Stadttoren führenden Straßen waren breiter. Im Souk konzentrierten sich die verschiedenen Gewerbe in jeweils eigenen Gassen. In den Werkstätten wurde gleichzeitig produziert und verkauft. Nur die Gerber und die Töpfer arbeiteten am Stadtrand.

Calleja de las Flores Ⓑ

Verlässt man die Moschee durch das Tor im Nordosten des Orangenhofs, gelangt man in die Calle Velázquez Bosco und von dort in die Calleja de las Flores, das berühmte Blumengässchen mit seinem Geranienschmuck – eine für arabische Stadtentwürfe typische Sackgasse.

Shopping

Meryan
Calleja de las Flores 2
www.meryancor.com
Bemalte Lederreliefs nach traditionellen arabischen Methoden, sog. *cordobanes* und *guadameciles*; auch großes Angebot an Taschen und Gürteln.

Die **Judería

Westwärts gelangt man in das einstige Judenviertel zwischen den Straßen Romero und Manríquez. Sie geht auf eine arabische Medina zurück und besteht aus dem typischen, schattigen Gässchengewirr. Abgesehen von den Sehenswürdigkeiten, die darin aufzustöbern sind, macht schon das bloße Spazierengehen Spaß, weil so viele kleine Geschäfte, Tapas-Bars und Galerien in den Häusern hier versammelt sind. An der Plaza Maimónides ist in einem Palast aus dem 16. Jh. das **Museo Municipal Taurino** (Stierkampfmuseum) **C** untergebracht (zzt. geschlossen; Wiedereröffnung geplant).

Die Calle de los Judíos weitet sich zu einem kleinen Platz, auf dem ein Bronzedenkmal **Maimonides** ehrt, Spaniens wohl wichtigsten jüdischen Religionsphilosophen des Mittelalters.

Fast zu übersehen ist wenige Meter weiter links die unauffällige Eingangstür der ****Synagoge** **D** (Hausnr. 20) . Das kleine, rechteckige Gebetshaus wurde 1314 im Mudéjarstil errichtet. Auf der Südseite liegt über dem Vestibül die Frauenempore. Die Stuckdekorationen der Wände zeigen geometrische und vegetabile Muster; hebräische Inschriften zitieren Psalmverse. Nach der Judenvertreibung (1492) diente das Gebäude als Kirche (Di–So 10–14, 15.30–17.30 Uhr). Die **Casa de Sefarad** liegt in derselben Straße, Ecke Averroës. Das Haus stammt aus dem 14. Jh. und zeigt eine Schau arabisch-jüdischer Kunst- und Alltagsgegenstände, Schmuck und Stickereien. Allerdings ist nichts davon aus Córdoba selbst, sondern nordafrikanischer Provenienz, wohin es viele Juden unter westgotischer Herrschaft getrieben hatte (www.casadesefarad.es).

Die prächtig restaurierte **Casa Andalusí** in der Calle Judíos 12 stellt arabisch-andalusisches Lebensgefühl wieder her. Hier ist ein Papiermuseum zu besichtigen (www.lacasaandalusi.com).

Teesalon

Der **Salon de Té** in der **Calle Buen Pastor** bietet sich als kulinarische Ergänzung an. Man lagert auf bequemen Kissen und kann sich an arabischen Süßigkeiten und Tees delektieren. Ein Springbrunnen und leise Klänge sorgen für Entspannung (tgl. 11–21 Uhr).

An der alten Stadtmauer

Weiter die Calle Judíos entlang gelangt man zum Stadttor **Puerta de Almodóvar** **E** mit dem Standbild des in Córdoba geborenen römischen Philosophen Seneca (4 v. Chr.–65 n. Chr.)

Schlendert man die maurische Stadtmauer entlang, taucht das Denkmal eines weiteren in Córdoba geborenen Gelehrten auf, des Arabers Averroës (1126–1198). Südlich vom Platz **Campo de los Mártires** liegen die im 17. Jh. entdeckten und erst vor zwei Jahren restaurierten ***Baños Califales** **F**. Da sie unter einer dicken Schuttschicht begraben waren, sind sie blendend erhalten geblieben. (Di–Sa im Winter 10–14 und 16.30–18.30 Uhr, Mai–Oktober 10–14 und 17.30–19.30 Uhr. So nur vormittags)

**Alcázar G

Bauherr des **Alcázar de los Reyes Cristianos** war Alfonso XI. (1312 bis 1350). Die Katholischen Könige steuerten von hier aus ihre Militäraktionen gegen das nasridische Granada, und hier empfing Königin Isabella 1486 Kolumbus. Heute sind im Palast römische Funde ausgestellt. Der Patio Mudéjar ist eine Gartenanlage maurischer Tradition, während die modernen Gärten an die Gartenkunst des Barock anknüpfen (Di–Fr 10.30–14 und 16.30–18.30 Uhr, Sa, So 9.30–14.30 Uhr).

Direkt neben der Moschee steht an der Stelle des Kalifenpalastes der **Palacio Episcopal** H (18. Jh.) mit dem Diözesanmuseum.

Vorbei an der Triumphsäule des Erzengels Raphael, des Schutzpatrons von Córdoba, und einem Stadttor aus der Epoche Philipps II. betritt man den ***Puente Romano** I, der seit römischer Zeit den Guadalquivir quert.

**Torre de la Calahorra J

Der ursprünglich maurische, im 14. Jh. umgebaute Festungsturm bildet das südliche Ende der römischen Brücke. Hier zog ein interaktives **Museum zur Kultur von Al-Andalus** ein, in dem in acht Sälen und einer Multimediashow die erstaunlichen Leistungen des islamischen und jüdischen Andalusiens in Astronomie, Geografie, Medizin und in der Landwirtschaft ebenso gewürdigt werden wie die Toleranz seiner Philosophen (› S. 21).

*Plaza del Potro K

Östlich der Mezquita hat sich im 16. Jh. um die Plaza del Potro mit einem fohlengeschmückten Brunnen ein eigener kleiner Kosmos entwickelt. Auf dem Weg dorthin in der Calle Corregidor Luis de la Cerda 51 liegt der **Hammam, ein luxuriöses arabisches Bad mit angeschlossener Teestube,** architektonisch der Mezquita nachempfunden (www.hammamspain.com/cordoba) – Wellness auf arabisch-andalusische Art.

Echt gut

Der zierliche Fohlenplatz wurde in der Renaissance gestaltet. An seinem Rand liegt das **Museo Provincial de Bellas Artes** L – untergebracht in einem alten Hospital. Es zeigt Werke von der Gotik bis ins 20. Jh. mit Schwerpunkt auf Gemälden des 16. und 17. Jhs., u. a. von Alejo Fernández, Pablo de Céspedes, Juan de Valdés Leal (Di 14.30–20.30, Mi–Sa 9–20.30, So 9–14.30 Uhr). Die Bilder von Julio Romero de Torres (1874–1930) sind im angrenzenden Gebäude, dem einstigen Wohnhaus des Córdobeser Malers, ausgestellt (Di–Sa 10–14, 16.30–18.30, So 9.30–14.30 Uhr, Juli/Aug. 8.30–15 Uhr). In dem gegenüberliegenden alten Haus hat Manuel Cervantes seinen Don Quichote im gleichnamigen spanischen Nationalepos logieren lassen.

Corredera

Über die Calle de San Fernando kommt man zum **Rathaus** M, neben dem Reste eines römischen Tempels freigelegt wurden. Südöstlich davon liegt die ***Plaza de la Corredera** Ⓝ, die man auch von der Plaza del Potro erreicht. Der von vierstöckigen Häuserfronten mit Arkaden umgebene, weite rechteckige Platz aus dem 17. Jh. war einmal das Herz der Stadt. Dies ist die einzige Plaza Mayor Andalusiens; sie erinnert an Vorbilder in Madrid oder Salamanca. In dem heißen Andalusien war es nicht üblich, auf diese Weise zu bauen, normalerweise floh man die Sonne. Früher fanden hier Stierkämpfe, Theateraufführungen und Autodafés, also Ketzerverbrennungen, statt. Eine umfassende Restaurierung gab dem Platz seine strenge Renaissanceschönheit zurück. In den umliegenden Häusern sind Wohnungen untergebracht. Auf der westlichen Seite wird Córdobas Lebensmittelmarkt abgehalten.

Restaurant

Für eine Pause bestens geeignet sind die traditionsreiche, 1879 gegründete **Taberna Salinas** (**Tundidores 3, Tel. 957 48 01 35**), wo man auch vorzüglich speist (z. B. Klippfischsalat mit Orangen), und die volkstümliche Bar **El Gallo** (**María Christina 6**, Di geschl.).

Hit gut!

*Palacio de Viana Ⓞ

Die Calle Hermanos López/E. Redel führt zum Palacio de Viana. Der 6500 m² große Palast ist ein Musterbeispiel eines über die Jahrhunderte gewachsenen herrschaftlichen Hauses. Seine kostbar ausgestatteten Räume gruppieren sich um nicht weniger als zwölf Höfe und einen Garten. Ein

Die alte Stadtmauer von Córdoba

Rundgang bietet einen Einblick in die Lebensart des andalusischen Adels (Tel. 957 49 67 41, Mo–Fr 10–13, 16–19, Sa 10–15 Uhr).

Info

Oficina de Turismo
Torrijos 10
Tel. 957 35 51 79
www.turiscordoba.es
www.turismodecordoba.org
Auskunftstellen an der Plaza de las Tendillas und im AVE-Gebäude.

Verkehr

Bahnhof (AVE-Renfe) und **Busbahnhof:** Glorieta de las Tres Culturas.

Klimaanlage »a la andaluza«

Sehr schön lässt sich im Palacio de Viana beobachten, wie die Cordobeser ihr Haus kühl hielten. In den Lehmboden drückte man dekorative Flusskiesel hinein, benetzte den Lehm mit Wasser, und die Verdunstungsfeuchtigkeit kühlte das Haus.

Oasen in der Stadt: die Patios

Hotel

Hospes Palacio Del Bailío
Ramírez de las Casas Deza 10–12
Tel. 957 49 89 93
www.hospes.es
Eines der beiden Fünf-Sterne-Hotels der Stadt. Ein alter Palast in verspieltem postmodernen Design. Edel und stylish mit vielen Details, nicht unbedingt für Kinder geeignet. ●●●

Parador La Arruzafa
Avda. Arruzafa
Tel. 957 27 59 00
www.parador.es
Ein moderner Parador am Fuß der Sierra, umgeben von großen, gepflegten Gärten, Terrassen, Pools, mit großzügig geschnittenen und dezent folkoristisch möblierten Zimmern. Echt gut! **Toll für Kinder.** ●●●

Amistad Córdoba
Plaza de Maimónides 3
Tel. 957 42 03 35
www.nh-hotels.com
Zwei ehemalige Adelspaläste in der Judería, geschmackvoll ausgestattet, geräumige Zimmer, sehr netter Service, gutes Restaurant. ●●

González
Manríquez 3
Tel. 957 47 98 19
www.hotel-gonzalez.com
Kleines Hotel in einem Palast mit schmuckem Innenhof; in unmittelbarer Nähe zur Moschee. ●–●●

Hotel Maestre
Romero Barros 4 u. 6
Tel. 957 47 24 10
www.hotelmaestre.com
Hotel, Hostal und Apartments um die Ecke der Plaza del Potro. Fast alle Zimmer gehen auf Patios hinaus. ●–●●

Restaurants

El Choto
Calle Almanzor 10
Tel. 957 76 01 15
Die Ausstattung mit Fliesen nach Sevillaner Art beeindruckt. Mehr noch nimmt den Gast jedoch die **ausgezeichnete Küche** ein, die das Renommee des Restaurants geprägt hat. Klassiker wie Paella und Schinken gibt es außerdem. So geschl. ●●● Echt gut!

Los Marqueses
Tomás Conde 9
Tel. 957 20 20 94
Elegant-spanisch eingerichtet, mediterrane Küche, gute Tapas. ●●

Los Berengueles
Conde de Torres Cabrera 7
Tel. 957 47 28 28
Restaurant in einem historischen Palast. Vorzügliche einheimische Küche (So und Mo abends geschl.). ●●

Bodegas Campos
Linares 32][Tel. 957 49 75 00
An der Plaza del Potro liegt dieses exquisite Restaurant mit vielen verschiedenen Sälen und einer Tapas-Bar; typische Cordobeser Rezepte, stilvoll veredelt (So abends geschl.). ●●

Tapas-Bar

Sociedad de Plateros
María Auxiliadora 25
Tel. 957 47 00 34
cht gut! **Gute und preiswerte Tapas.** Eine Cordobeser Spezialität ist *salmorejo*, eine dickflüssige Suppe aus pürierten Weißbrotkrumen, Tomaten, Olivenöl und Knoblauch, garniert mit Schinken und Ei. So abend und Mo geschl.

Shopping

- Die **Judería** ist voll von den üblichen Souvenirgeschäften. Die **Asociación Cordobesa de Artesanos** im restaurierten Marktgebäude **Zoco Municipal (Judíos s/n)** bemüht sich um traditionelles Kunsthandwerk.
- Elegante Shoppingmeilen befinden sich in der Neustadt rund um die **Plaza Tendillas.** Dort sind auch bekannte spanische Designer vertreten wie **Purificación García, Cruz Conde 30,** und **Adolfo Domínguez, Plaza Colón 3.**
- **Turronarte, Calle Manrique 1,** bietet neben allen Sorten von *turrón*, dem spanischen Nougat, eine Auswahl an exquisiten Produkten der Region wie Gebäck, Wein, Liköre oder Olivenöl an.

Feria

Ende Mai feiert Córdoba seine Feria. Anders als in Sevilla braucht man hier keine Einladung, um die Casetas am Guadalquivir zu besuchen.

Ausflug nach **Madinat al-Zahra 2

929 wählte der Kalif Abd ar-Rahman III. eine geschützte Stelle am Südhang der Sierra Morena für die Palaststadt, die den Glanz des neuen Kalifats von Al-Andalus repräsentieren sollte.

Der Bau wurde um 936 begonnen und erstreckte sich über 40 Jahre. Den leitenden Architekten standen Künstler und Handwerker aus aller Welt zur Verfügung. Aus dem gesamten Mittelmeerraum wurden Marmorsäulen und Kapitelle herbeigeschafft. Schon 1010 zerstörten Berbertruppen die weitgehend autarke Palaststadt. Später trugen Almoraviden und Almohaden Material für ihre eigenen Bauten ab und beschleunigten so den Verfall der Anlage. Seit 1923 gilt sie als Nationaldenkmal.

Die Ruinen und Rekonstruktionen faszinieren. Die seit 1910 andauernden Ausgrabungen haben die Grundrisse einer 1500 x 750 m großen, in drei Terrassen angelegten Stadt zutage gefördert, die von einer mit Türmen befestigten Umfassungsmauer umgeben war. Auf der obersten Terrasse befand sich der Palast des

Ruinen der Palaststadt Madinat al-Zahra

Kalifen Abd ar-Rahman III., auf der mittleren Terrasse standen Verwaltungsgebäude und Wohnungen hoher Beamter.

Der Hauptempfangssaal ist mittlerweile so weit rekonstruiert, dass er einen guten Eindruck von dem ursprünglichen Raum vermittelt. Den Saal, dessen Wände vollkommen mit Reliefplatten verkleidet sind, betritt man durch eine Vorhalle mit fünf Hufeisenbögen. Dem Saal gegenüber lag ein Garten mit einem von Wasserbecken umgebenen Pavillon.

Auf der unteren Terrasse befanden sich die Wohngebäude für die Bediensteten und die Truppenunterkünfte; hier waren Werkstätten, Märkte, öffentliche Bäder und eine fünfschiffige Moschee angesiedelt. Das Wasser wurde über ein 15 km langes Aquädukt aus den Bergen hierher geleitet. Ein neues, übersichtlich aufgebautes Museum gibt zusätzliche Informationen (Tel. 957 35 55 06/07; Di–Sa 10 bis 18.30 Uhr, 1. Mai–15. Sept. 10 bis 20.30; So, Fei 10–14 Uhr).

Von Madinat al-Zahra aus lohnt ein Abstecher zu den **Ermitas,** einer idyllisch in den Bergen gelegenen Einsiedelei (18. Jh.), von der

Echt gut!

man einen **fantastischen Blick auf Córdoba** hat. Der Weg ist ausgeschildert (Tel. 957 33 03 10; Di–Sa 10–18.30, So 10–14 Uhr, nachmittags je nach Jahreszeit unterschiedlich geöffnet).

Verkehr

- Für alle, die nicht mit dem eigenen Wagen unterwegs sind: An der Triumphsäule beim Puente Romano fahren Di–So um 9.30 und um 10.15 Uhr, Sa zusätzlich um 15 Uhr **Busse** nach Madinat al-Zahra. Im Bus wird ein Informationsfilm gezeigt.
- **Selbstfahrer** folgen der A-431 etwa 7 km nach Westen bis zur Abzweigung nach Madinat al-Zahra.

*Jaén 3

Von ihrer einstigen Lage an einer wichtigen Handelsstraße hat die Stadt (116 000 Einw.) ihren Namen maurischen Ursprungs: Geen – Karawanenweg.

In der Neustadt liegt an der Hauptstraße Paseo de la Estación das **Museo de Jaén** mit einer bedeutenden Sammlung iberischer Bildhauerkunst und einer Gemäldesammlung (Di 14.30–20.30, Mi–Sa 9–20.30 Uhr, So, Fei 9 bis 14.30 Uhr).

Der Paseo mündet in die Plaza de la Constitución, die zu dem älteren Stadtteil mit der **Kathedrale** überleitet. Mit dem Bau wurde 1540 begonnen. Ein architektonisches Meisterwerk ist die platereske Sakristei von Andrés Vandelvira; sehenswert sind auch das geschnitzte Chorgestühl und der Reliquienschrein mit dem Schweißtuch der hl. Veronika (Mo–Sa 8.30–13, 17–20, So/Fei 9–13.30, 18–20 Uhr).

Am Vorplatz der Kathedrale liegen das **Rathaus** und der **Erzbischöfliche Palast.** Die Calle Maestra führt in die schmalen Gassen der Altstadt. Darüber thront die stattliche Schlossfestung **Santa Catalina** auf dem Burgberg.

Karte
Seite 118

Blick auf die prächtige Renaissancekathedrale von Jaén

Man passiert den **Arco de San Lorenzo** (15. Jh.) und erreicht am Ende der Calle Águilar die Kirche **San Juan.** Nicht weit entfernt befinden sich die **Arabischen Bäder** aus der Zeit des Kalifats, die unter dem **Palacio de Villardompardo** entdeckt wurden. Im Palast wurde ein Volkskundemuseum eingerichtet (Di–Fr 9–20, Sa, So 9.30 bis 14.30 Uhr, Mo, Fei geschl.).

Über die Calle Uribes erreicht man das volkstümliche **Magdalena-Viertel** rund um die **Iglesia de la Magdalena** (15. Jh.). Der Charme liegt im Detail: Römische Säulen und maurische Wasserbecken zieren Häuser und Plätze.

Die Auffahrt zum **Castillo de Santa Catalina** wird mit einem herrlichen Ausblick über Stadt und Umgebung belohnt. Die Festung, einst eine der wichtigsten der Provinz Al-Andalus, wurde nach der Rückeroberung der Stadt 1246 von Christen ausgebaut.

Info

Oficina de Turismo
Maestra 18
Tel. 953 24 26 24
ww.turjaen.org

Hotels

Parador de Jaén
Castillo de Santa Catalina
Tel. 953 23 00 00
www.parador.es
Der auf dem Burgareal errichtete eindrucksvolle Parador vereint mittelalterliche Elemente und modernes Mobiliar. ●●●

Hotel Husa Europa
Plaza de Belén 1
Tel. 953 22 27 04
www.husa.es
Modern, hell, freundlich, guter Service, Zimmer eher klein. ●●

Restaurant

El Pilar del Arrabalejo
Millán de Priego 59
Tel. 953 24 07 81

Löwenbrunnen an der Plaza del Pópulo in Baeza

Restaurant und Tapas-Bar. Hier wird die regionale Küche gepflegt. ●–●●

Tapas-Bar

Mesón Río Chico
Nueva 12
Tapas in rustikalem Ambiente. ●

■ **Mesón Club Los Monteros**
Salsipuedes 2
Tel. 953 08 83 58
Beliebte Tapas-Bar im Barrio San Ildefonso.

Verkehr

■ **Flughafen:** Federico García Lorca Granada-Jaén

■ **Bahnhof:** Paseo de la Estación, Tel. 902 24 02 02

■ **Busbahnhof:** Plaza Coca de la Piñera, Tel. 953 25 01 06

**Baeza 4

Über 50 Renaissancegebäude hat die Stadt, und anders als in anderen Orten Andalusiens stehen die Kirchen im Schatten der Profanbauten.

Mittelpunkt des heimeligen Baeza ist der Paseo de la Constitución: eher eine weit gestreckte Plaza als ein Paseo. In der nahen Calle Gaspar Becerra liegt das ***Rathaus,** ein prächtiger zweistöckiger Bau von 1559. Geht man vom Paseo de la Constitución nach Westen, trifft man auf die **Plaza del Pópulo,** nach den alten Löwenfiguren des Brunnens auch Plaza de los Leones genannt. Hier kommt man sich wirklich vor wie in der Toskana. Das **Stadtarchiv** (Archivo Histórico) ist im ehemaligen Schlachthaus untergebracht. An der Südseite des Platzes steht das Appellationsgericht von 1530.

Die **Kathedrale Santa María** an der gleichnamigen Plaza entstand an der Stelle einer Moschee. An der Westfassade ist noch ein kleines Mudéjarportal aus dem 13. Jh. zu sehen. Hauptportal dagegen und Innenraum sind Werke der Renaissance. Im rechten Winkel zur Kathedrale stehen die 1511 als Rathaus erbauten **Casas Consistoriales Altas**.

Den außergewöhnlichsten Bau der Stadt erreicht man über die Cuesta de San Felipe: Den von Juan Guas entworfenen ****Palacio del Jabalquinto.** Die Fassade kombiniert Mudéjarelemente mit Formen der Spätgotik und der Renaissance. Die besonders geformten Steine erzielen einen Trompe-l'œil-Effekt: Man glaubt, geschliffene Edelsteine vor sich zu haben. Rechts vom Palast liegt der Komplex der im 19. Jh. aufgehobenen Alten Universität. Die Kirche **Santa Cruz** (13. Jh.) gegenüber gehört zu den höchst seltenen Bauten der Romanik in Andalusien.

Echt gut!

Im **Olivenmuseum Hacienda La Laguna,** ca. 10 Min. außerhalb der Stadt Richtung Jaén (Puente del Obispo, Tel. 953 76 51 42, www.museodelaculturadelolivo.com), untergebracht in einem gepflegten Landgut, erfährt man alles über Olivenöl, seine Geschichte und Kultur, die Pressungen, die Verwendbarkeit (tgl. 10.30–13.30 Uhr, 16–18.30, im Sommer 17 bis 20 Uhr). Und das Schönste: Angeschlossen ist ein Landhotel mit Reitstall und empfehlenswertem Restaurant (●●).

Info

Oficina de Turismo
Plaza del Pópulo s/n
Tel. 953 74 04 44
www.baezamonumental.com

Verkehr

- **Busbahnhof:** **Avda. Puche Pardo, Tel. 953 74 04 68**
- In der Innenstadt verkehrt ein kleiner historischer **Touristenzug,** der an den Sehenswürdigkeiten hält. Erläuterungen auf Spanisch.

Hotel

Casona del Arco
Sacramento 3][Tel. 953 74 72 08
www.lacasonadelarco.com

Echt gut!

Gelungene Kombination von Antik-Design und modernem Komfort. Ein weiterer Pluspunkt ist die große Terrasse mit Swimmingpool mitten in der Altstadt. ●●

Restaurants

- **Hotel Restaurante Juanito**
Av. Arca del Agua][Tel. 953 74 00 40
Bekannt für seine Wildgerichte; gemütliche Stimmung, hohes Niveau. Auch nettes Hotel. ●●●
- **Salí**
Cardenal Benavides 15
Tel. 953 74 13 65
Bietet u. a. eine Spezialität der Region: *pipirrana,* ein Salat aus Tomaten, Gurken, Paprika und Zwiebeln. ●–●●

Tapas-Bar

Mesón La Gondola
Paseo de la Constitución

Echt gut!

Rustikal-gepflegtes Ambiente und **regionaltypische Tapas,** Kartoffeln mit Olivenöl und Paprika, Wachteln. ●●

11 *Úbeda 5

Die Stadt (35 000 Einw.) ist, ähnlich wie das oft im gleichen Atemzug genannte Baeza, eine architektonische Blüte im Renaissancestil des 16. Jhs.

Die nördliche Altstadt

Die mit Palästen geschmückte Altstadt beginnt am **Hospital de Santiago** (1562) Ⓐ. Setzt man den Rundgang über die Calle del Obispo Cobos und die Calle Mesones zur Plaza de Andalucía, und dann rechts zur Calle del Rastro fort, folgt im weiteren Verlauf ein Palast auf den anderen: Zuerst gelangt man zum **Palacio de la Rambla** Ⓑ, den zwei heraldische Fassadenfiguren als Adelspalast ausweisen, an der Plaza de San Pedro erhebt sich dann der **Palast der Grafen von Guadiana** Ⓒ.

Um die Plaza de Vázquez Molina

Weiter führt die Calle Real am **Palacio Vela de los Cobos** Ⓓ vorbei zur Plaza del Ayuntamiento; von dort geht der Weg ins Zentrum der Altstadt, zur imposanten **Plaza de Vázquez Molina**. In der **Casa de Cadenas** Ⓔ logiert das Rathaus.

Gegenüber liegt die 1234 erbaute Kirche **Santa María de los Reales Alcázares** Ⓕ. Der bestehende Bau stammt vom Ende des 15. Jhs. Ein kurzer Abstecher über die Calle de las Ventanas führt zur **Casa de las Torres** Ⓖ, über die viele gruselige Legenden erzählt werden.

Zurück über die Plaza de Vázquez Molina, vorbei am **Palacio del Deán Ortega** Ⓗ, in dem der Parador eingezogen ist, gelangt man zur Kirche **San Salvador** Ⓘ aus dem 16. Jh. Zwei massive Ecktürme stützen ihre Fassade, deren Dekoration zu den schönsten Beispielen des plateresken Stils in Andalusien zählt (Mo–Sa 10–14 und 17.30–19 Uhr, So, Fei 10.45 bis 14 und 16.30–19 Uhr).

Zur Plaza del Primero de Mayo

Eine Gasse führt nordwärts, vorbei an der **Casa de los Salvajes** Ⓙ, die nach der Darstellung zweier heraldischer Figuren »Haus der Wilden« heißt, zur Plaza del Primero de Mayo. Links am Platz steht das **Alte Rathaus** Ⓚ, an der Nordseite erhebt sich die gotische Kirche **San Pablo** Ⓛ.

Ein Kleinod ist die **Casa Mudéjar** Ⓜ, ein Wohnhaus aus dem 14. Jh., in dem ein kleines Museum für Archäologie eingerichtet wurde (Di–Sa 10–14 und 16–19, So 10–14 Uhr, Mitte Juni–Mitte Sept. Di–So 9–14 Uhr).

Buch-Tipp Wer sich für Úbeda interessiert, wird den Roman **Der polnische Reiter** von Antonio Muñoz Molina lieben. Der in Úbeda geborene Autor verarbeitet darin die Geschichte seiner Stadt in einem aufregenden Roman.

Info

Oficina de Turismo
Bajo del Marqués 4
Tel. 953 79 26 70

- Ⓐ Hospital de Santiago
- Ⓑ Palacio de la Rambla
- Ⓒ Palast der Grafen von Guadiana
- Ⓓ Palacio Vela de los Cobos
- Ⓔ Casa de Cadenas
- Ⓕ Santa María de los Reales Alcázares
- Ⓖ Casa de las Torres
- Ⓗ Palacio del Deán Ortega
- Ⓘ Kirche San Salvador
- Ⓙ Casa de los Salvajes
- Ⓚ Alte Rathaus
- Ⓛ Kirche San Pablo
- Ⓜ Casa Mudéjar

Das Hospital de Santiago in Úbeda aus dem 16. Jh

Verkehr

Busbahnhof: San José s/n,
Tel. 902 11 21 74

Hotels

■ **Parador de Úbeda**
Plaza de V. Molina 1
Tel. 953 75 03 45
www.parador.es
Schöner Renaissancepalast als Parador mit prächtigem Patio, stilecht möblierte Zimmer. ●●●

■ **María de Molina**
Plaza d. Ayuntamiento s/n
Tel. 953 79 53 56
www.hotel-maria-de-molina.com
Gediegener Komfort in einem reizvollen Palast des 16. Jhs. ●●

Restaurant

La Casa El Marqués
Plaza Marqués de la Rambla 2
Tel. 953 75 72 55
Neben schmackhaften Tapas schmecken im schlicht-eleganten Restaurant Wild aus den Sierras und Fleischgerichte. ●●

Shopping

Úbeda hat schon Preise für die Keramik aus den **Werkstätten des Meisters Tito** bekommen (**Plaza del Ayuntamiento 12, neben dem Rathaus, www.alfareriatito.com**). Jetzt bekam der Meister auch ein Museum: **Museo de Alfarería Paco Tito** (**Valencia 22,** Mo–Fr 8–14 und 16–20.30 Uhr, Sa 8–14 und 17–20 Uhr, So, Fei 10–13.30 Uhr.

*Cazorla 6

Das Städtchen (8000 Einw.) liegt malerisch am Fuß des Karstgebirges unterhalb gezackter Gipfel auf 826 m Höhe. Halb Bergsommerfrische, halb andalusisches Weißes Dorf hat es Sehenswürdig-

Karte Seite 118

keiten wie den **Castillo de la Yedra** an der **Plaza Corredera** und die **Plaza de Santa María** mit alter **Kathedrale** und **Brunnen**.

Info

Oficina de Turismo
Paseo Santo Cristo
Tel. 953 71 01 02
www.turismoencazorla.com
www.cazorla.es

Hotels

■ **Puerta de Cazorla**
Avda. del Guadalquivir 49
Tel. 953 72 43 42
www.puertadecazorla.es
Zentral gelegen, mit hübsch eingerichteten Zimmern. ●●

■ **Andalucía**
Martínez Falero 42
Tel. 953 72 12 68
www.turismoencazorla.com/andalucia.html
Einfach, aber gepflegt. ●

Ausflug nach Iruela

Ein lohnender Ausflug führt nach La Iruela (2 km nördlich von Cazorla an der Straße nach Tranco). Die auf einer Kalkfelsspitze balancierende Ruine einer Templerburg ist unglaublich fotogen.

Hotel

Río
Crta. de la Sierra CA-319, km 39,8
Arroyo Frio][La Iruela
Tel. 953 71 30 33][Fax 953 71 13 35
Zwei-Sterne-Hotel in einer grünen Idylle; 21 Zimmer und Pool. ●–●●

12 Sierras de Cazorla, Segura y Las Villas

Östlich von Úbeda breitet sich der größte Naturpark Spaniens aus. Sein Zusammenspiel von Karst, Hochebenen und Senken, Gipfeln bis zu 2000 m Höhe, Eichenwäldern, tiefen Tälern, Flüssen, Quellen und Seen ist ein unerwarteter Anblick in der sonst eher kargen Landschaft Andalusiens. Die wildreichen Gebirgszüge, die im Winter nicht selten schneebedeckt sind, stellen eines der größten geschlossenen Waldgebiete Spaniens dar. Mindestens ebenso reizvoll sind die vielen Burgen aus dem Spätmittelalter, die oft wie Adlerhorste auf den eindrucksvollen karstigen Gipfeln thronen.

Hotels

■ **Parador de Cazorla**
Sierra de Cazorla][Tel. 953 72 70 75
www.parador.es
Gemütlich-elegante Luxusherberge mit wunderbarem Pool und schön ausgestatteten Zimmern, abgeschieden mitten im Wald gelegen (24 km von Cazorla). ●●●

■ **Noguera de la Sierpe**
Ctra. del Tranco, km 44,5
Tel. 953 71 30 21
www.lfhoteles.com
Hübsche ehemalige Finca, auf der früher Pferde gezüchtet und Jagden veranstaltet wurden. ●●–●●●

Torre del Vinagre 7

Ein Auskunftszentrum mit angeschlossenem Museum informiert

In der Sierra de Cazorla: Charco del Aceite, ein Naturbad am Guadalquivir

über den Naturpark Sierra de Cazorla und organisiert Ausflüge. Ein Botanischer Garten versammelt die typischen Bäume, Sträucher und (Heil-)Kräuter des Parks (Crta. del Tranco, km 48, Di–So 10–14 und 16–18 Uhr, Tel. 953 71 30 40, im Sommer 17–20 Uhr).

ht gut!

2 km entfernt beginnt im **Parque Cinegético Collado del Almendral** ein gut ausgeschildeter kurzer **Rundlehrpfad** von etwa 2 Std. Dauer, der einen perfekten Überblick vermittelt.

*Segura de la Sierra 8

Die typische Weißes-Dorf-Silhouette hat auch Segura de la Sierra. Aus weiten Olivenplantagen schrauben sich Gässchen in die Höhe, gekrönt von einer **Alcazaba-Burg**, hier aus dem 8.–9. Jh. Auch ein **Brunnen** aus der Zeit Karls V. und maurische Bäder gehören zu den Sehenswürdigkeiten. Das Erstaunlichste dürfte allerdings die **Stierkampfarena** sein, die ausnahmsweise viereckig und nicht rund ist – ohne Mauern, dafür mit einem Zinnenturm in einer Ecke. Vermutlich ist sie die einzige auf der Welt, die so aussieht.

Hotel/Restaurant

Complejo Rural Río Madera
Río Madera][Tel. 953 12 62 04
www.riomadera.com

Río Madera liegt im Wald, gehört als Ortsteil aber zu Segura de la Sierra. Dieses Hotelrestaurant serviert **urige, regionaltypische Speisen.** So stehen auf der Speisekarte Hase, Lamm, Kichererbsen, Blutwurst – alles badet schmackhaft in Olivenöl und Kräutern. Restaurant, Bar und Hotel pflegen denselben einfachen, ländlichen Einrichtungsstil. ●

Echt gut!

Infos von A–Z

Ärztliche Versorgung

Mit der EU-Versicherungskarte EHIC haben gesetzlich Versicherte Zugang zum spanischen Gesundheitssystem der *Seguridad Social*. Sie garantiert die kostenfreie Behandlung in den öffentlichen Krankenhäusern und Gesundheitszentren (*Centros de Salud*).

Für freie Arztwahl und Rücktransport im medizinischen Notfall ist der Abschluss einer privaten Auslandskrankenversicherung empfehlenswert.

Es gibt überall gut sortierte Apotheken *(farmacias)*. Medikamente sind wesentlich billiger als in Deutschland.

Behinderte

Die Bundesarbeitsgemeinschaft der Clubs Behinderter und ihrer Freunde e.V., Langenmarckweg 21, 51465 Bergisch-Gladbach,Tel.0 22 02/9 89 98 11, www.bagcbf.de, sammelt und erteilt Reiseinformationen für Behinderte.

Diplomatische Vertretungen

Deutschland:

- **Deutsche Botschaft in Madrid**
Calle de Fortuny 8
Tel. 915 57 90 95
www.madrid.diplo.de
- **Konsulat in Málaga**
Mauricio Moro Pareto 2, 5°
(Edificio Eurocom)
Tel. 952 36 35 91
www.malaga.diplo.de
- **Honorarkonsulat in Aguadulce**
(Almería)
Avda. Carlos III 401
(Centro Comercial Neptuno)
Tel. 950 34 05 55
E-Mail: aguadulce@hk-diplo.de
- **Honorarkonsulat in Jerez de la Frontera**
Avda. de Méjico 10, Portal 1–2 D
Tel. 956 18 74 63
E-Mail: jerez-de-la-frontera@hk-diplo.de

Österreich:

- **Botschaft in Madrid**
Paseo de la Castellana 91
Tel. 915 56 53 15
www.aussenministerium.at/madrid
- **Honorarkonsulat in Málaga**
Alameda de Colón 26, 2°, Esc. izq.
Tel. 952 60 02 67
- **Honorarkonsulat in Sevilla**
C. Cardenal Ilundáin 18, 5°, Edificio 1
Tel. 954 98 74 76

Schweiz:

- **Botschaft in Madrid**
Núñez de Balboa 35, 7° (Edificio Goya)
Tel. 914 36 39 60
- **Honorarkonsulat in Málaga**
Apdo. de Correos 7
Tel. 645 01 03 03 (Handy)

Einreise

Deutsche, Österreicher und Schweizer benötigen nur den gültigen Personalausweis oder Reisepass. Kinder unter 16 Jahren, die keinen Kinderausweis besitzen, müssen im Pass der Eltern eingetragen sein.

Elektrizität

Für Geräte mit Schukosteckern ist ein Adapter erforderlich. Die Netzspannung beträgt in der Regel 220 Volt.

Feiertage

- 1. Januar (Neujahr)
- 6. Januar (Hl. Drei Könige)
- 28. Februar (Andalusientag)
- 19. März (San José)
- Gründonnerstag
- Karfreitag
- 1. Mai (Tag der Arbeit)
- 25. Juli (Santiago)
- 15. August (Mariä Himmelfahrt)

- 12. Oktober (Entdeckung Amerikas)
- 1. November (Allerheiligen)
- 6. Dezember (Tag der Verfassung)
- 8. Dezember (Mariä Empfängnis
- 25. Dezember (Weihnachten)
- Dazu kommen in den einzelnen Regionen noch lokale Feiertage.

Geld und Währung

Spanien gehört zur Euro-Zone. Mit Bankkarten mit Maestro-Funktion und Kreditkarten kann man an vielen Geldautomaten *(cajeros automáticos)* Geld ziehen. Kreditkarten sind in ganz Spanien weit verbreitet.

Haustiere

Hunde und Katzen müssen mit einem Mikrochip oder einer Tätowierung markiert sein (seit dem 3. Juli 2011 ist für neu gekennzeichnete Tiere der Mikrochip verpflichtend) und benötigen den EU-Heimtierpass, den jede Tierarztpraxis ausstellt. In diesem wird auch die gültige Tollwutimpfung bestätigt.

Information

Auskünfte erteilen die Spanischen Fremdenverkehrsämter:

Deutschland:

- 10707 Berlin
Lietzenburgerstr. 99
- 40237 Düsseldorf
Grafenberger Allee 100
- 60323 Frankfurt/M.
Myliusstr. 14
- 80051 München][Schubertstr. 10

Die zentrale Servicenummer Tel. 01 80/ 300 26 47, unter der auch Prospektmaterial bestellt werden kann, gilt für alle Büros.

Österreich:

- 1010 Wien][Walfischgasse 8
Tel. 08 10/24 24 408 oder
01-5 12 95 80-11

Schweiz:

- 8008 Zürich][Seefeldstr. 19
Tel. 0 44/2 53 60 50

Im Internet:

- www.spain.info sowie
www.andalucia.org.

Viele andalusische Städte verfügen über **Touristeninformationsbüros** *(Oficinas de turismo)*. Sie sind mit Prospektmaterial, Stadtplänen und Fahrplänen ausgestattet, informieren über Campingplätze und Hotels, Touren und Besichtigungszeiten. Adressen finden Sie im Reiseteil.

Kleidung

Auch im Sommer sollte man am Atlantik oder in den Sierras einen leichten Pullover für den Abend dabeihaben. Kopfbedeckung und Sonnencreme sind unabdingbar. Im Frühling kann es nachts noch recht kühl sein, und nicht alle Hotels haben eine Heizung. In den Städten kleidet man sich eine Spur formeller und eleganter als bei uns, besonders zum abendlichen Ausgehen.

Notruf

Allgemeiner Notruf: 1 12
Rettungswagen: 0 61
Feuerwehr: 0 80

Öffentliche Verkehrsmittel

Häufige Abfahrten und zuverlässige Fahrpläne machen das Reisen auf eigene Faust problemlos.

Urlaubskasse	
Tasse Milchkaffee (café con leche)	1,50–2,50 €
Softdrink	1,50 €
Kleines Bier (caña, 0,1 l)	1–1,50 €
Tapas	ab 1,50 €
Portion Eis	ab 1,50 €
Taxifahrt (pro km)	ab 1,50 €
Mietwagen pro Tag	ab 40 €
1 l Superbenzin	1,50 €

Für Stadtbesichtigungen gilt, dass die meisten Besichtigungsziele mit Bussen erreicht werden können. In den Städtebeschreibungen sind die wichtigsten Haltestellen genannt. Wer länger in einer Stadt bleibt, erkundigt sich am besten nach Sondertarifen.

Öffnungszeiten

- **Banken**: Mo–Fr 9–14 Uhr (Wechselstuben oft länger).
- **Geschäfte**: Meist von 10–14 und 16.30–19 oder 20 Uhr geöffnet; samstags meist nur bis 13 Uhr.
- **Kaufhäuser**: Mo–Sa meist durchgehend geöffnet.
- **Museen** sind in der Regel Mo ganztags, So, Fei am Nachmittag und werktags oft 13–16 Uhr geschlossen. Die meisten Museen sind am 25.12. und 1.1. geschlossen.
- **Post**: Mo–Fr 9–13 und 16–18 Uhr

Generell verschieben sich die Öffnungszeiten in Haupt- und Nebensaison bzw. in den Sommer- und Wintermonaten.

Sicherheit

In den größeren Städten sind Taschendiebstähle nicht selten. Vor Autoaufbrüchen schützt man sich am besten, indem man den Wagen auf bewachten Parkplätzen abstellt. Ansonsten gilt: Alles Gepäck aus dem Auto mitnehmen und am besten das (leere) Handschuhfach offen stehen lassen.

Souvenirs

Traditionelles Kunstgewerbe guter Qualität findet man reichlich in Andalusien: Granadiner Keramik mit Granatapfelmotiven in Blaugrüntönen oder rustikales Steingutgeschirr aus Níjar, Schmuck aus dünn gezogenem und geformtem Silberdraht, Fächer, Messingwaren, bestickte Seidentücher *(mantones de Manila)*, Spitzentücher *(mantillas)* und Aufsteckkämme *(peinetas)*, ausgefallene Lederwaren. Mitzubringen lohnen sich auch eingelegte Oliven, Sherry, der luftgetrocknete Schinken und die Konfiserien aus den Klöstern (› S. 43).

Taxi

Das System der Halteplätze oder des Funktaxis ist nicht verbreitet. Wer einen Wagen braucht, hält ihn einfach auf der Straße an. Es gibt einen Nacht- und einen Feiertagstarif sowie einen Flughafenzuschlag. Taxifahren ist in Andalusien generell etwas preiswerter als in Deutschland.

Telefon

Von Telefonzellen lässt sich problemlos ins Ausland telefonieren. Telefonkarten *(tarjetas telefónicas)* kann man auch in den Tabakläden kaufen.

Handelsübliche GSM-Mobiltelefone funktionieren in Spanien problemlos.

Internationale Vorwahlen:

- Spanien: 00 34
- Gibraltar: 0 03 50
- Deutschland: 00 49
- Österreich: 00 43
- Schweiz: 00 41

Trinkgeld

Kellner erhalten bis zu 10 % des Rechnungsbetrages, Gepäckträger ca. 1 € pro Gepäckstück. Auch Zimmerservice und Fremdenführer freuen sich über ein Trinkgeld. Unter Spaniern ist die *propina* an der Bartheke *(barra)* nicht üblich.

Zollbestimmungen

Für Reisende aus EU-Ländern gibt es bei der Ein- und Ausfuhr von Waren für den Privatgebrauch keine Beschränkungen mehr.

Reisende aus der Schweiz können aus Spanien u.a. zollfrei einführen: 2 l Wein; 1 l Spirituosen mit mehr oder 2 l mit weniger als 15 Vol.-%: 200 Zigaretten oder 50 Zigarren; 50 g Parfüm sowie Souvenirs bis zum Gesamtwert von 175 € bzw. 300 CHF (pro Person).

Register

Bildnachweis

Alamy/Blickwinkel: U2-Top12-12; Alamy/Michelle Chaplow: U2-Top12-08; Alamy/image-broker: 21, 111; Alamy/Hillary Morgan: U2-Top12-09; Alamy/LOOK-foto: U2-Top12-02; Alamy/Alberto Paredes: 37; APA Publications/Mark Read: 2-2, 19, 72, 87, 100, 128, 131,132; Bildagentur Huber/Gräfenhain: 39; Bildagentur Huber/R. Schmid: 25, 41; Bildagentur Huber/G. Simeone: 46; f1online/Jean-Marc Charles/AGE: 80; f1online/Pedro Coll/AGE: 26/27; f1online/Kord.com/AGE: U2-Top12-06; Fotolia/Arnd Drifte: 53; Fotolia/fgeoffroy: 95; Fotolia/Freefly: 2-3, 116; Fotolia/hattiney: U2-Top12-11; Fotolia/Tobias Hirzel: U2-Top12-04, 77; Fotolia/Gratien Jonxis: 2-1; Fotolia/Philip Lange: 75; Fotolia/Hans Peter Loosli: 32; Fotolia/Günther Menzl: U2-Top12-01; Fotolia/razorconcept: U2-Top12-05; Fotolia/cyril ruchet: 35; laif/Gonzalez: U2-Top12-07, 60, 63, 88, 107, 109; laif/Hans Bernhard Huber: 22; laif/Kaiser: 115; laif/P.S. Kristensen: 64, 65; laif/Selbach: 96; laif/Westrich: 91; laif/VU/Juan Manuel Castro Pietro: 137; Sabine von Loeffelholz: 56, 78, 90, 127; LOOK-foto/age fotostock: U2-Top12-03, 20, 117, 129, 135; LOOK-foto/Franz Marc Frei: 5; LOOK-foto/Sabine Lubenow: 6/7; LOOK-foto/Jürgen Richter:101; Hans-Peter Merten: U2-Top12-10, 44/45, 66; Hubert Stadler: 99; Klaus Thiele: 9, 15, 40, 42, 59; Klas Winter: 85, 123.

Polyglott im Internet: www.polyglott.de

Impressum

Wir freuen uns, dass Sie sich für einen Reiseführer aus dem Polyglott-Programm entschieden haben. Auch wenn alle Informationen aus zuverlässigen Quellen stammen und sorgfältig geprüft sind, lassen sich Fehler nie ganz ausschließen. Wir bitten um Verständnis, dass der Verlag dafür keine Haftung übernehmen kann. Ihre Hinweise und Anregungen sind uns wichtig und helfen uns, die Reiseführer ständig weiter zu verbessern.
Bitte schreiben Sie uns:
GVG TRAVEL MEDIA GmbH, ein Unternehmen der GANSKE VERLAGSGRUPPE
Redaktion Polyglott, Harvestehuder Weg 41, 20149 Hamburg, redaktion@polyglott.de

Wir wünschen Ihnen eine gelungene Reise!

Herausgeber: GVG TRAVEL MEDIA GmbH
Redaktionsleitung: Grit Müller
Autoren: Ines Baumgarth und Susanne Asal
Neukonzeption: Susanne Asal
Redaktion: Werkstatt München • Buchproduktion
Lektorat: Martin Waller
Bildredaktion: GVG TRAVEL MEDIA GmbH, Anja Dengler und Ulrich Reißer
Layout: Ute Weber, Geretsried
Titeldesign-Konzept: Studio Schübel Werbeagentur GmbH, München
Karten und Pläne: Kartografie GVG TRAVEL MEDIA GmbH, Hamburg
Satz: Anja Dengler
Druck und Bindung: Stürtz Mediendienstleistungen, Würzburg

Printed in Germany
Dieses Buch wurde auf chlorfrei gebleichtem Papier gedruckt.
ISBN 978-3-8464-0920-6

PEFC
PEFC/04-31-1404

Langenscheidt Mini-Dolmetscher Spanisch

Allgemeines

Guten Tag.	Buenos días. [buenos **dias**]
Hallo!	¡Hola! [**o**la]
Wie geht's?	¿Qué tal? [ke tal]
Danke, gut.	Bien, gracias. [bjen **gra**θjas]
Ich heiße ...	Me llamo ... [me **lja**mo]
Auf Wiedersehen.	Adiós. [a**djos**]
Morgen	mañana [ma**nja**na]
Nachmittag	tarde [**tar**de]
Abend	tarde [**tar**de]
Nacht	noche [**no**tsche]
morgen	mañana [ma**nja**na]
heute	hoy [oi]
gestern	ayer [a**jer**]
Sprechen Sie Deutsch / Englisch?	¿Habla usted alemán / inglés? [abla us**ted** ale**man** / in**gles**]
Wie bitte?	¿Cómo? [**ko**mo]
Ich verstehe nicht.	No he entendido. [no e enten**di**do]
Wiederholen Sie bitte.	Por favor, repítalo. [por fa**wor** re**pi**talo]
..., bitte.	..., por favor. [por fa**wor**]
danke	gracias [**gra**θjas]
Keine Ursache.	De nada. [de **na**da]
was / wer / welcher	qué / quién / cuál [ke / kjen / ku**al**]
wo / wohin	dónde / adónde [**don**de / a**don**de]
wie / wie viel / wann / wie lange	cómo / cuánto / cuándo / cuánto tiempo [**ko**mo / ku**an**to / ku**an**do / ku**an**to **tjem**po]
Warum?	¿por qué? [por **ke**]
Wie heißt das?	¿Cómo se llama esto? [**ko**mo ße **lja**ma **es**to]
Wo ist ...?	¿Dónde está ...? [**don**de es**ta** ...]
Können Sie mir helfen?	¿Podría usted ayudarme? [po**dri**a us**ted** aju**dar**me]
ja	sí [ßi]
nein	no [no]
Entschuldigen Sie.	Perdón. [per**don**]
Das macht nichts.	No pasa nada. [no **pa**ßa **na**da]

Shopping

Wo gibt es ...?	¿Dónde hay ...? [**don**de ai]
Wie viel kostet das?	¿Cuánto cuesta? [ku**an**to ku**es**ta]
Ich nehme es.	Me lo llevo. [me lo **lje**vo]
Wo ist eine Bank?	¿Dónde hay un banco? [**don**de ai um **ban**ko]
Ich suche einen Geldautomaten.	Busco un cajero automático. [**bus**ko un ka**che**ro auto**ma**tiko]
Geben Sie mir bitte 100 g Käse.	Por favor, déme cien gramos de queso. [por fa**wor** **de**me θjen **gra**mos de **ke**ßo]
Haben Sie deutsche Zeitungen?	¿Tienen periódicos alemanes? [**tje**nen per**jo**dikos ale**ma**nes]
Wo kann ich telefonieren / eine Telefonkarte kaufen?	¿Dónde puedo llamar por teléfono / comprar una tarjeta telefónica? [**don**de puedo lja**mar** por te**le**fono / kom**prar u**na tar**che**ta tele**fo**nika]

Essen und Trinken

Die Speisekarte, bitte.	La carta, por favor. [la **kar**ta, por fa**wor**]
Brot	pan [pan]
Kaffee	café [ka**fe**]
Tee	té [te]
mit Milch / Zucker	con leche / azúcar [kon **le**tsche / a**θu**kar]
Orangensaft	zumo de naranja [**θu**mo de na**ran**cha]
Mehr Kaffee, bitte.	Más café, por favor. [mas ka**fe** por fa**wor**]
Suppe	sopa [**ßo**pa]
Fisch	pescado [pes**ka**do]
Meeresfrüchte	mariscos [ma**ris**kos]
Fleisch	carne [**kar**ne]
Geflügel	aves [**a**wes]
Reis	arroz [a**rros**]
Beilage	guarnición [guarni**θjon**]
vegetarische Gerichte	comida vegetariana [ko**mi**da vecheta**rja**na]
Eier	huevos [**ue**wos]
Salat	ensalada [enßa**la**da]
Dessert	postre [**pos**tre]
Obst	fruta [**fru**ta]
Eis	helado [e**la**do]
Wein	vino [**bi**no]
weiß / rot / rosé	blanco / tinto / rosado [**blan**ko / **tin**to / ro**ßa**do]
Bier	cerveza [θer**we**θa]
Wasser	agua [**a**gua]
Mineralwasser	agua mineral [agua mine**ral**]
mit / ohne Kohlensäure	con / sin gas [kon / ßin gas]
Limonade	gaseosa [ga**ße**oßa]
Ich möchte bitte zahlen.	La cuenta, por favor. [la ku**en**ta por fa**wor**]